KB111778

존엄에 대한 생각

thoughts on dignity

양세진

대학에서 철학을, 대학원에서 철학과 행정학을 공부했다. 사회적가치조직의
현장실천가로 활동했으며, 지금은 존엄한 삶과 함께하는 실천가와 사회적가치
조직이 본래적인 목적을 실현하는 데 힘이 되는 협력파트너로 활동하고 있다.
아울러 존엄지향실천 관점에서 사회적가치조직의 비전과 미션수립, 존엄리더
십, 존엄조직문화, 실천철학 아카데미를 함께하고 있다.
현재 소셜이노베이션그룹 대표와 한양대 사회혁신융합전공 겸임교수, 존엄복
지실천협동조합(준)에서 활동하고 있다.

홈페이지 www.socialinnovationgroup.kr

존엄에 대한 생각

발행일	2022년 2월 28일

지은이	양세진		
펴낸이	손형국		
펴낸곳	(주)북랩		
편집인	선일영	편집	정두철, 배진용, 김현아, 박준, 장하영
디자인	이현수, 김민하, 허지혜, 안유경	제작	박기성, 황동현, 구성우, 권태련
마케팅	김회란, 박진관		
출판등록	2004. 12. 1(제2012-000051호)		
주소	서울특별시 금천구 가산디지털 1로 168, 우림라이온스밸리 B동 B113~114호, C동 B101호		
홈페이지	www.book.co.kr		
전화번호	(02)2026-5777	팩스	(02)2026-5747

ISBN   979-11-6836-197-3 03100 (종이책)   979-11-6836-198-0 05100 (전자책)

존재의 엄중함에 대한 캐물음

존엄에 대한 생각

thoughts on dignity

양세진 지음

" 우리는 본래 누구인가
우리는 어떤 삶을 추구해야 하는가 "

존재의 엄중함으로서 존엄에 대한 실천적 캐물음

북랩 book Lab

차이 있으나 동등한 존엄

나는 왜 이 책을 쓰려고 하는가? 그것은 인간다운 삶에 대해 생각하면 할수록 도저히 제거하거나 벗어날 수 없는 어떤 운명 때문이다. 그것은 우리 자신과 동료시민[1]들이 자기존엄과 상호존엄을 힘 있게 살아가는 '존엄한 인간(호모 디그니타스Homo Dignitas)'이라는, 부정할 수 없고 숨길 수 없는 자명한 사실 때문이다. 이 책은 동료시민들에게 우리가 본래 누구인지, 그래서 어떠한 삶을 추구하는 것이 합당한지에 대한 이야기이며, 본래적인 우리 자신의 존재방식을 위해 존엄망각을 넘어 존엄지향실천[2]의 힘을 회복하자는 제안이자 요청이라고 할 수 있다. 이 책은 우리가 마땅히 생각할 만한 것이 무엇인지 온전히 생각할 수 있도록 말을 건네고 있다는 점에서 직접적인 행동과는 거리가 있다고 여길 수 있다. 그러나 그것은 오해다. 이 책을 쓰고자 하는 이유가 단지 우리가 충분히 생각할 만한 가치가 있다고 여겨지는, 그래서 생각할 필요가 있는 내용에 대해 생각만 하자는 것이 전부는 아니다. 마땅히 생각할 만한 가치가 있는 내용에 대해 글을 쓰지만, 이 책의 목적은 그것을 넘어서는 실천적 지향을 담고 있다. 존엄망각을 넘어 존엄지향실천을 이야기하고자 하는 것이다.

이 책은 동료시민들에게 자기 자신의 존엄을 힘 있게 살아가는 우리 각자가, 동시에 저마다 자기존엄을 힘 있게 살아가는 동료시민의 존엄을 존중하면서 더불어 상호존엄의 삶을 함께 살아갈 수 있는 실천의 힘을 회복하자는 제안이자 요청서다. 따라서 우리는 '존엄지향실천'을 이야기하고자 한다. '존엄'의 사전적 정의는 '인물이나 지위 등이 감히 범할 수 없이 높고 엄숙함'이다. 존엄을 설명하는 핵심적인 의미는 '어떠한 그 무엇으로도, 그 누구도 감히 범할 수 없음'이다. '그 무엇으로도, 그 누구도 감히 범할 수 없다'는 말의 의미가 무엇인지에 대해서는 앞으로 계속 캐물어[3] 가겠지만, 존엄한 삶이란 단지 생각 속의 삶이 아니라 실제 생활 속에서 실천적으로 경험되어야 하는 삶이기에, 존엄한 삶은 곧 존엄실천의 삶이라고 이야기할 수 있다. 따라서 우리가 '존엄'을 이야기한다는 것은 분리불가능한 관계 속에서 동시적·병행적으로 '실천'을 함께 이야기하는 것이다. 인간이 존엄하다는 것, 존엄한 인간을 이야기한다는 것은 박제화된 그 무엇을 이야기하거나, 문자만으로 언표된 그 무엇을 이야기하는 것이 아니라, 언제나 항상 반드시 '실천'과의 연관속에서 '존엄'이 이야기되고 있음을 받아들여야 할 것이다. 말로는 존엄한 인간이라고 하면서도 의도적이든 비의도적이든 자기 자신 혹은 타자를 대상화하고 있거나, 형식적으로는 포용한다고 하면서 실제적으로는 배제하는 모순에 빠지지 않고 '그 무엇으로도 감히 범할 수 없는' 존엄을 망각하거나 존엄을 침해하지 않는 실천이 수반되지 않는다면 존엄한 인간이라는 말이 공허해질 수 있다. 자기존엄을 이야기하면서, 자신을 함부로 대하거나, 자신이 지금 여기에서 온전하게 본래적인 자신으로 현존하고 있는지, 자기결핍과 자기부재로 존재하고 있는지 돌보지 않는다면 자기존엄을 힘 있게 살아가고 있다고 할 수 있을지 의문이다. 아울러 동료시민의 존엄을 존중한다고 하면서 상대가 처한 환경에 따라 사회적 약자로, 취약계층으로, 혹은 뭔가 지원하고 제공하고 도움을 주어야 할 대상으로 전락시키고, 체계적으로 관리해야 할 대상으로 여긴다면 그러한 태도와 관계 맺음이 상대의 존엄을 존중하는 것인지 의문을 가질 수 있다. 가정에서, 학교에서, 직장에서, 사회에서 우리가 처한 조건과 상황에 따라 수행하는 역할과 권한의 차이가 존재한다. 그러나, 그 모든 차이와 다름을 인정한다고 해서 우리 자신이나 상대는 함부로 대할 수 있는 대상이 아니며, 언제나 항상 동등한 존엄한 존재임을 존중해야 할 것이다. 남들보다 더 많은 경

존엄에 대한 생각

험을 갖고 있다는 것이 존중받을 만한 가치가 있다고 해서, 더 많은 경험이 언제나 항상 옳거나 참된 것은 아니다. 또한 남들보다 더 많은 능력을 갖고 있다는 것이 마땅히 존중받을 만한 가치가 있지만, 그렇다고 더 많은 능력을 가지고 있는 사람이 그렇지 못한 사람보다 더 존엄하다고 말할 수 없는 것이다. 경험이 부족하고 능력이 부족하다고 해서 현저하게 차별을 받는 불평등에 처하게 된다면 존엄의 관점에서 그것은 정당하지 못하다고 말할 수 있다. 아울러 절차적으로 공정하다고 해서 그 결과가 현저하게 불평등을 낳게 된다면 존엄의 관점에서 그것은 타당하다고 말하기 힘들 것이다. 지금 우리는 더 많은 경험과 능력을 존중하는 사회 속에 살고 있지만, 존엄에 대한 생각을 망각하거나 외면한다면 우리는 심각한 불평등과 차별의 늪에서 벗어나지 못하게 될 것이다. 이러한 불평등과 차별의 문제는 더 많은 분배와 더 공정한 분배로 해결될 수 있는 성격이 아니다. 경험과 능력의 차이는 인정하지만, 그 어떤 차이에도 불구하고 모두는 동등하게 존엄한 존재임을 망각해서는 안 되며, 존엄에 대한 당위적 존중이 배제된 경험과 능력을 우선하는 태도는 우리의 삶을 왜곡되게 만들 것이다. 존중이란 본래 존엄에 대한 존중이기에, 존엄을 존중한다는 것은 상대를 위해 무엇을 해 주거나, 도와주거나, 지원해 주거나, 이끌어 주거나, 촉진하거나, 옹호하거나, 대변하는 것이 아니라, 온전히 함께하는 것이다. 존엄의 존중은 함께함이라는 실천을 통해서 드러난다. 따라서 존엄을 이야기한다는 것은 자기실천이든, 협력적 실천이든 언제나 항상 반드시 실천과의 상호연관성 속에서 이야기되어야 하는 것이다. 그래서 우리는 이 책에서 '존엄'만이 아니라 '존엄지향실천'을 이야기하는 것이다. 존엄과 실천의 상호연관성에 대한 이유는 실천의 본래적인 의미를 알면보다 쉽게 이해할 수 있다.

'실천'에 대한 사전적 정의에 따르면 우리가 무언가를 실천한다는 것은 단지 주어진 일을 실제로 행하거나, 해야만 할 일을 실제로 행하는 것이 아니다. 그러

존엄에 대한 생각

한 실천에 대한 이해는 1957년 최초의 우리말 국어대사전, 『큰사전』에서 '실제로 이행함'으로 '실천'을 정의한 것에 머무르고 있을 뿐이다. 마치 알고리즘에 따라 움직이는 인공지능 로봇처럼 실천을 이해하는 것이다. 그러나 오늘날 우리가 사용하고 있는 '실천'의 의미란 행위자 자신이 스스로 주체적으로 생각한 바에 따라 실제로 행하는 것이다. 즉 '실천'이란 '생각한 바를 실제로 행함'이다. 그럼, '생각한 바'는 무엇에 대한 생각인가? 우리가 마땅히 생각해야 할 것은 무엇인가? 그것은 바로 '존엄에 대한 생각'이다. 인간의 실천인 한에서 실천이란 '존엄에 대한 생각한 바를 실제로 행함'이다. 실천의 이러한 정의에 따라 우리는 이 책에서 '존엄에 대한 생각'을 토대로 '존엄지향실천'의 본래적인 의미를 캐묻고자 한다.

존엄한 삶이란 날마다 되풀이되는 삶의 맥락 속에서 존엄을 생각하고 의식하고 의지하면서 살아가는 것을 의미하며, 설령 그렇지 못하다고 할지라도, 다른 누군가로부터 자의적이고 임의적으로 존엄을 침해당하지 않으면서 살아갈 수 있는 삶이라고 할 수 있다. 동료시민들의 감히 범할 수 없는 존엄을 침해하지 않으면서 더불어 함께 살아가는 것이 존엄한 삶을 통해 이야기하는 본래적인 의미다. 존엄한 삶은 단수적 삶의 방식이 아니라 복수적인 공동존재로서 공동의 삶의 방식을 본래적으로 내재하고 있다. 이러한 내재성은 존엄한 삶을 위해 동료시민을 필요로 한다거나, 공동체를 필요로 한다는 의미에서 매개적 접근이 아니다. 동료시민과 함께하는, 공동존재로서 공동의 삶은 존엄한 삶과 분리 불가능하며 상호의존적이고 상호공속적으로 얽혀 있다. 서로는 탈매개적 존재방식으로 공존하는 것이다. 여기에 대해서는 뒤에 자세하게 이야기할 것이다. 존엄한 인간으로 우리 모두가 존엄한 삶을 향유하자는 것은 우리 모두가 자기존엄을 힘 있게 살아갈 뿐만 아니라 동시적·병행적으로 동료시민들과 더불어 함께 상호존엄을 힘 있게 살아가자는 것과 맞울림으로써 공명[4]한다. 이제 그 이야기를 이 책을 선택한 동료시민들과 본격적으로 공유하고자 한다.

2022년 2월
동료시민들과 함께 존엄한 삶을
힘 있게 살아가고자 하는
양세진 드림

PART 2
존엄한 삶을 위한 실천의 힘 전략 ₁₃₇

PART 1

존엄에 대한
철학적 담론

"우리는 우리 자신이 단순히 수량화될 수 있는
대상물이 아니라 그 무엇으로도 감히 범할 수 없는
존엄한 존재라는 것을 말할 수 있을 때,
두려움을 극복하고 진심을 다해 온몸으로 말할 수
있을 때 비로소 자기 존엄의 힘을 온전히
이 세상 위에 드러낼 수 있다."

1장

나는 존엄한 인간이다, 우리는 존엄한 인간이다

인간이 존엄하다는 것은 우리가 어떠한 노력으로도 부정하거나 외면할 수 없는 인간의 본질적인 존재의 미이며 자명한 당위적 존재선언이다. 인간이 존엄하다는 것은 「세계인권선언」이나 헌법, 그리고 종교적인 고백을 넘어서 자연적으로 주어진 것이기에 우리가 의도적으로나 의지적으로 부정할 수 없다. 아울러 날마다 되풀이되면서도 늘 새로운 차이를 만드는 우리의 일상생활세계 속에서 우리 자신을 '존엄한 인간'이라고 생각하고 인정하는 힘은 본래적이고 내재적인 힘이기에 그 누구도 빼앗아 가거나 파괴할 수 없다.

그러나 정신을 차리고 우리의 일상을 곰곰이 다시

존엄에 대한 생각

돌아보게 되면, 우리 사회가 동료시민들을 정말 존엄한 인간으로 존중하고 있는가에 대해 근본적인 의문을 갖게 된다. 「세계인권선언」 제1조에서 '모든 인간은 태어날 때부터 자유로우며 그 존엄과 권리에 있어서 평등하다', 그리고 「대한민국헌법」 제10조는 '모든 국민은 인간으로서의 존엄과 가치를 갖는다'고 언표하고 있지만, 실제 우리의 일상과 학교, 직장, 마을과 사회에서 '존엄한 인간(호모 디그니타스Homo Dignitas)'이라는 엄연한 사실이 도대체 어디에서 실제적으로 경험되고 있는지에 대해서는 의문이다. 물론 그렇다고 해서 우리 자신과 동료시민들이 존엄한 인간이라는 사실을 전혀 경험할 수 없는 것은 아니다. 척박한 삶의 조건 속에서도 간헐적이고 잠정적으로 그리고 일시적인 사건으로 스스로 주체적으로 자기존엄을 인식하는 삶이 단편적으로 경험될 뿐이다. 따라서 우리는 이 책을 통해 자기존엄과 상호존엄한 삶의 존재로서 '존엄한 인간'이라는 본질적인 존재의미가 어떻게 우리의 일상 속에서 보다 잘 경험되고 밝히 드러나 보일 수 있을지에 대해 캐묻고자 한다.

대한민국 『표준국어대사전』은 '존엄尊嚴, Dignity'의 의미를 '인물이나 지위 등으로 감히 범할 수 없을 정도로 높고 엄숙함'으로 정의하고 있다. 존엄의 사전적 정의를 볼 때 그동안 우리가 간과하고 있던 부분이 '감히 범할 수 없음'이라는 것을 이해할 수 있다. 드라마나 혹은 백화점에서 소위 VIP 고객들이 직원에게 갑질을 하면서 "어디 감히 나를 무시하냐?"라고 다그칠 때 언급되는 표현이 '감히'다. 아울러 '감히'라는 용어는 마을마다 있는 행정복지센터나 혹은 정부의 행정기관에 가서 간혹 상식이 부족한 시민들이 "어디 감히 주권자를 무시하냐!"라면서 소리를 칠 때 사용되기도 한다. 그리고 무엇보다도 가정에서, 학교에서, 직장에서, 사회에서 상대에 비해 더 큰 힘을 가진 사람들이 상대를 무시할 때 사용하는 용어가 '감히'다. 이러한 이유로 인해 존엄을 설명하는 사전적 표현에서 '감히 범할 수 없음'이라는 문구가 감동적으로 와닿지 않을 수도 있다. 그러나 곰곰이 생각해 보면, 어떤 사람을 '존엄한 존재'로 존중한다는 것은 그 사람과의 관계에서 어느 누구든지, 심지어 부모라고 해도, 선생, 대표, 사장, 국회의원, 장관, 대통령, 혹은 그 무엇이라 해도 그 어떤 힘으로도 '감히 범할 수 없는 존엄한 존재로 관계해야 한다'는 당위적인 요청을 명령하는 것임을 이해할 수 있다.

그럼에도 우리의 일상생활세계에서 정말 우리 자신과 동료시민들이 그 무엇으로도 감히 범할 수 없는 존엄한 인간으로 존중받으며 살아가고 있는가를 생각하면 그렇지 못하다는 좌절과 답답함을 더 많이 느끼게 된다. 좌절과 답답함의 근원은 대체적으로 현재와 같은 우리 사회의 조건에서 그 무엇으로도 감히 범할 수 없는 '존엄한 인간' 그 자체로 현실 세계 속에서 존엄한 삶을 향유하는 것이 과연 가능한가에 대한 현실성에 의문을 갖기 때문이다. 그러나 존엄의 현실성을 구체적으로 경험하는 게 만만치 않다는 것은 한계가 아니라, 그것이 바로 우리가 인간의 존엄을 이야기할 수 있는 타당한 근거라고 이야기할 수 있다.

우리는 인간이 존엄하다는 것, 존엄한 인간이라는 개념이자 명제가 가진 특이한 성질을 이해할 필요가 있다. 존엄 자체는 '그 무엇으로도 감히 범할 수 없음'이다. 그러나 존엄한 인간은 실제로는 '그 무엇으로도 감히 범할 수 없는 존재'가 아니라, 누구든지 마음만 먹으면 자신이 가진 비대칭적인 힘에 의해 상대를 대상화시키고, 장악하고, 지배할 수 있다. 그리고 상대 역시 자기 자신을 그 무엇으로도 감히 범할 수 없는 존엄한 인간으로 인식하지 못한 채, 상대에게 자발적으로 예속되기도 한다. 그럼에도 인간이 존엄하다는 사실을 자연적인 조건으로 받아들이고 법과 제도를 통해 그토록 간절하게 인간이 존엄하다고 이야기하는 이유가 있다. 그것은 아무리 연약하고 힘이 없는 상태라 할지라도 그 무엇으로도 감히 범할 수 없는 존엄한 인간으로 존중하자는 역사적·정치적·사회적 약속으로 받아들이지 않는다면, 우리는 더 이상 인간 종으로서 사회적 삶을 지속할 수 없기 때문이다.

인류가 한자리에 모여서 펜을 들고 동시에 서명을

한 사회계약서는 아니지만, 우리는 이 사회가 인간은 비록 연약하고 쉽게 바스러질 수 있고, 상처에 열려 있으며, 위태로운 상황에 항상 처할 수 있지만, 그럼에도 불구하고 그 무엇으로도 감히 범할 수 없는 존엄한 인간임을 궁극적인 목적으로 존중하자는 합의와 약속을 통해 정부를 구성하고 사회를 이루어 더불어 함께 살아가고 있는 것이다. 인간이 존엄하다는 것은 영원히 다다를 수 없는 미래가치이며, 도래할 존엄이다. 이러한 존엄을 생각한다는 것은 우리를 인간종인 인류로 존재할 수 있게 하는 이정표라고 할 수 있다. 이러한 맥락에서 호모 디그니타스로서 '존엄한 인간'이라는 개념과 명제는 인류가 공동으로 공유하고 있는 고백이자 믿음이라고 할 수 있다. 그리고 인간이 존엄하다는 '호모 디그니타스'는 '지혜로운 인간(호모 사피엔스)'의 능력이 만들어 낸 인류 역사 최고의 상상물이라고도 할 수 있다.

도래할 존엄으로서 우리가 개인적이든 사회적이든 모든 능력을 다한다 하더라도 우리의 일상 속에서 존엄을 완전하게 완벽하게 경험할 수 없다는 것은 한계가 아니다. 그것을 답답하게 생각하기보다는 이미 '존엄한 인간'이 현실 속에서 존엄한 삶을 산다는 것이 도대체 무엇인지, 인간 종으로 인류를 존재하게 하며, 지속 가능하게 하는 근거이자 토대로서 인간의 존엄이 무엇을 의미하는지에 대해—저마다 주관적인 생각에 자기를 가두거나, 상대를 가두려 하지 말고—동료시민들과 더불어 함께 숙의적이고 협력적인 소통을 통해 캐물음 할 필요가 있다. 만약 우리가 동물 종으로서 인간 종에 불과하며 '존엄한 인간'이라는 사실을 필요에 따라 자의적이거나 임의적으로 거부할 수 있다면 존엄한 인간으로 존엄한 삶을 온전히 향유하지 못하는 것에 대한 좌절과 답답함이 사라질까? 그냥 각자가 자신의 욕구와 욕망대로 살아가면 되는 그래서 욕구의 낮은 단계에서 높은 단계로 나아가는 그런 존재로 인간을 이해하면 괜찮은 것일까? 남이 뭐라 하든 자신의 생각과 의지대로 그렇게 자신의 삶을 살아가면 되는 존재로 인간을 이해하면 괜찮은 것인

존엄에 대한 생각

가? 그러나 그럴 수 없다. 우리가 존엄한 인간이라는 사실은 본래적이고 내재적인 존재양식으로서 그 누구도 제거하거나 파괴할 수 없는 그 무엇으로도 감히 범할 수 없는 자연적이고 당위적인 사실이다. 그것은 우리가 어떤 이유에 의해서도 거부할 수 없는 근원적이고 본질적인 대전제다. 어떤 점에서 생각해 보면 인간이 존엄하다는 것은 일종의 믿음이라고도 볼 수 있다. 영원한 이상으로서 이데아적인 이정표일지도 모른다. 그리고 언제나 항상 인간임에 대한 자기인식을 하는 과정과 동시에 우리 자신이 인간으로 존재하는 이유를 증명하고 보증하는 토대로서 도래할 존엄은 온 인류가 전 역사를 통해 노력해도 도달하거나 성취할 수 없는 그런 것일지도 모른다.

우리는 거기에서부터 우리의 모든 이야기를 시작해야 한다. 물론 우리가 날마다 되풀이되는 일상생활세계 속에서 경험하듯이 다양한 이유들로 차별받고, 무시당하고, 배제당하고, 혐오를 당하고 있는 엄연한 현실을 놓고 보면 '존엄한 인간'으로서 인간이 존엄하다는 것이 도대체 어디에 있단 말인가 하고 근본적인 의문을 가질 수 있다.

유치원부터 초·중·고를 거쳐 대학 교육까지 성실하게 마친 청년들이 자신의 삶을 지속할 수 있는 괜찮은 일자리를 구할 수 없는 답답한 현실에 죽음을 선택하고, 청소년들은 성적 비관으로 죽음을 선택하고, 대형 마트의 매니저는 매출 부진으로 죽음을 선택하고, 여성들은 직장에서 성폭력과 2차 가해로 인한 상처로 죽음을 선택하고, 물류센터와 공장에서 성실하게 일하던 노동자들은 죽음을 당하고 있다. 어쩌면 지금 우리 사회는 1970년대 「근로기준법」 준수를 외쳤던 전태일 열사의 절규로부터 한 걸음도 더 나아가지 못한 것이 아닌가 싶을 정도로 답답함을 느끼게 된다. 그래서인지 이제 우리 사회에서는 노동자들이 '죽지 않고 일할 수 있는 권리'를 보장해 달라는 요구가 당연한 목소리가 되었다. 너무나도 참담한 우리 사회의 자화상이 아닐 수 없다. 그럼에도 우리가 존엄한 인간이라는 그 분명한 사실을 받아들이지 않는다

존엄에 대한 생각

면 우리는 다른 동료시민들과 더불어 함께 살아가는 삶을 더 이상 지속할 수 없게 될 것이다. 자기존엄을 인식하고, 동료시민들 서로가 상호존엄을 존중하는 삶의 방식을 선택하고, 그러한 삶을 우아하게 강제하는 법과 제도가 동시적으로 충족되지 않는다면 인간의 존엄은 단지 하나의 추상적이고 낭만적인 상상에 머무르고 말 것이다.

하이데거Martin Heidegger(1889~1976)는 『존재와 시간』[5]에서 인류의 역사는 존재망각의 역사라고 하면서 존재자인 인간이 자신의 존재근거인 존재자체에 대한 사유를 온전히 하지 못하고 감히 범할 수 없는 무한한 존재 의미에 대한 물음을 단지 존재자의 수준으로 끌어내려서 대상화시키고 있다고 비판하면서 존재망각의 상태에서 벗어나야 함을 강조했다. 이러한 하이데거의 존재물음을 존엄관점에서 재각본화할 수 있다. 우리는 이미 존엄한 인간임에도 불구하고 우리의 일상 속에서는 존엄한 삶을 경험하기 힘든 모순과 존엄망각상태에 있는 인간의 운명적인 현실 속에서 존

엄한 삶의 본래적인 의미가 무엇이며, 우리는 어떻게
날마다 되풀이되는 우리의 일상생활세계 속에서 존엄
망각으로부터 벗어나서 존엄한 인간의 삶을 온전하게
향유할 수 있을지에 대해 본격적으로 이야기해 보고
자 한다.

2장

‘존엄 자체’와
‘존엄자인 인간’의 차이 이해하기

'우리는 존엄한 인간이다. 나는 존엄한 인간이며, 당신도 존엄한 인간이고 동료시민인 우리 모두는 존엄한 인간이다.' 이와 같이 분명하고도 명확한 그리고 아주 확실한 진술은 '두 점을 연결하는 최단 거리가 직선'이라는 유클리드 공리처럼 더 이상 증명이 필요 없는 공리와 같다. 그런데 우리의 일상은 왜 존엄한 인간으로서가 아니라, 그저 책상 위에 놓여 있는 한갓된 대상물에 지나지 않는 것처럼 여겨지는 것일까?

비록 죽음을 맞이하는 순간만큼은 외부의 힘에 의해 대상화되지 않으며, 자신이 원하지 않는 방식으로 생명을 연장하지 않겠다며 연명치료를 거부하는 존엄한 죽음을 선택할 권리가 인정받고 있지만, 왜 죽음에 대해서만 전적인 존엄을 인정받아야 하는가? 존엄한 죽음을 넘어 '존엄한 삶에 대해서는 왜 중요하게 생각하지 않는가?'에 대한 물음을 던지는 것이 이 책을 통해 이야기하고자 하는 우리의 캐물음이다.

존엄한 인간의 삶이 침해당하고 식민화되는 것은 자본권력에 의해서만이 아니다. 행정권력 또한 동료시민들을 위한다는 명분으로 끊임없이 대상화하고 단지 행정서비스와 복지서비스의 수혜자나 이용자로 만족을 얻으면 되는 고객이나 소비자로 전락시키고 있다. 한편으로는 동료시민들을 경제적인 기준으로 사회적 약자나 취약계층, 소외계층으로 혹은 복지사각지대에 갇혀 있는 무력한 존재인 것처럼 대상화시키고 있다. 아동은 어리다고, 장애인은 장애가 있다고, 노인은 나이가 많다고, 외국인 노동자는 외국인이라고 등등 다양한 이유로 존엄한 인간을 대상화하는 존엄망각에 빠져 있다. 우리는 이미 '존엄한 인간'임에도 불구하고 현실 속에서 경험되는 이러한 존엄망각의 일상화가 너무나도 만연해 있는 이유는 무엇인가? 그것은 그 무엇으로도 감히 범할 수 없는 '존엄 자체'와 현실의 사회적 관계 속에서 경험되는 '존엄자인 인간'의 차이를 별개인 것처럼 분리시키기 때문일 것이다.

존엄 자체의 핵심적인 의미는 '그 무엇으로도 감히 범할 수 없음'이다. 그 무엇으로도 감히 범할 수 없음인 존엄은 인간의 내재적·본래적 속성이지만, 그러나 현실 속에 존재하는 존엄자인 인간은 실상 다양한 이유에 의해 대상화되거나, 비대칭적인 권력관계 속에서 대상화되곤 한다.[6]

우리는 일상 속에서 우리가 경험하고 생각하고 인지하는 것에 대해 언제나 본능적으로 판단하고 평가한다. 그러한 판단과 평가가 상대에게 칭찬이나 격려 인정으로 받아들여지기도 하며, 또 때로는 부정적인 평가나 판단으로 상처를 주거나 모욕과 모멸감을 주기도 한다. 우리는 의도적으로 때로는 비의도적으로 우리가 만나는 사회적 관계 속에서 이러한 본능적인

존엄에 대한 생각

판단과 평가행위를 통해 상대에게 즐거움을 주거나 고통을 준다. 우리가 내리는 본능적인 판단과 평가 행위 자체를 부정하거나 무력화시킬 수 없다. 다만, 우리는 판단과 평가를 수행하는 그때그때 마다 '존엄'의 본질적인 의미를 생각하는 '존엄지향실천'에 의해 모든 관계의 순간을 경계하고 조심해야 한다.

내면적으로 생성된 판단과 평가를 밖으로 드러내기 전에 한번 더 생각하고 캐묻는 과정을 거치는 삶의 방식이 '존엄지향실천'이다. 지금 내 앞에 있는 이 사람은 나와 아무리 친밀한 관계 속에 있다고 할지라도, 내가 아무리 그 사람을 위해 헌신하고 수고하고 있다고 할지라도, 내가 그 사람을 위해 내 영혼을 다해서 사랑하고 있다고 할지라도, 날마다 숨 쉬는 순간마다 그 사람의 행복에 관심을 갖고 노력하고 있다고 할지라도, 그 어떤 이유와 조건으로도 도저히 범할 수 없는 '존엄'한 인간이라는 사실을 생각하면서 삶을 살아가는 것이다.

우리가 동료시민들과 함께하는 매 순간 순간 존엄

지향실천에 따라 선택하고 결정하는 삶의 방식은 그 무엇으로도 감히 범할 수 없는 존엄 자체와의 분유(메테식스methexis)[7]속에서 수행되는 존엄자인 인간의 고유한 존재방식이라고 할 수 있다. 한편으로 우리가 존엄지향실천을 고민해야 하는 역설적인 상황은 오히려 그렇지 못한 현실에 대한 냉철한 인식 때문이기도 하다. 일상생활의 사회적·개인적 관계 속에서 우리가 함께하고 있는 동료시민은 '존엄 자체'를 완벽하게 살아 내는 인간은 아니다. 그렇기에, 우리가 조금만 긴장감을 내려놓게 되면, 우리가 가진 비대칭적이고 미시적인 '지식권력', '경험권력' 혹은 '지위권력'에 의해 상대를 대상화하고 총체적으로 관리할 수 있는 대상으로 예속시킬 수 있기 때문이다.

여기에 존엄의 딜레마 혹은 존엄의 역설이 놓여 있다. 우리는 이 문제를 좀 더 깊이 있게 캐물을 필요가 있다. 그 무엇으로도 감히 범할 수 없는 '존엄 자체'와 도래할 존엄을 추구하는 '존엄자'인 인간은 구별되며, 차이를 갖는다. 물론, 우리는 우리 자신과 동료시민

존엄에 대한 생각

을 '존엄한 인간'임을 자연적이고 당위적인 사실로 받아들이고 있다. 그러나 이러한 인정과 고백은 일종의 사회적 합의에 따른 고백이자 공동의 약속이며 믿음이다. 존엄 자체는 도래할 존엄으로 존엄자인 인간에게 분유되어 있다. 따라서 앞에서 언급한 것처럼 '존엄 자체'와 '존엄자'가 가지고 있는 절대적이고 영원한 차이를 구별하는 것이 중요하다. 우리가 존엄의 딜레마 혹은 존엄의 역설로 표현하는 것은 지금 여기에서 내가 관계 맺고 있는 개인적·사회적 관계 속의 사람은 '존엄 자체'로서 '존엄한 인간 자체'는 아니다. 그렇다고 해서 존엄 자체가 아니기에 존엄자인 인간을 내가 가진 우월적이고 비대칭적인 권력관계로 함부로 장악하고 통제하고 관리할 수 있는 대상물로 삼을 수 있다고 생각해서는 안 된다. 우리는 이미 어떠한 자격과 조건이 필요 없는 '존엄한 인간'이기 때문이다. 그럼에도 우리는 날마다 되풀이되는 우리의 일상 속에서 끊임없이 나보다 더 우월적인 힘을 가진 사람들에 의해 마치 아무렇지도 않은 사물처럼 대상화되기가 일쑤다. 그러나, 그 순간 속에서도 이미 존엄한 인간인 우리 자신은 그 무엇으로도 감히 범할 수 없는 존엄의 의미를 본래적으로 내재하고 있다는 점에서 더 많은 힘과 권력을 가진 사람들이 마음대로 장악하고 통제할 수 있는 한갓된 대상물이 아니며, 혹은 사회 전체의 이익이나 조직의 유익을 위해 혹은 개인의 행복과 성장을 위한다는 명목으로 총체적으로 관리할 수 있는 대상물도 아니다. 우리 자신과 동료시민들이 '존엄 자체'로서 완전하게 존엄한 인간은 아니지만, 우리는 '이미 존엄한 인간이며, 다만 아직 완전히 존엄한 인간은 아니며, 존엄 자체와의 분유 속에서 도래할 존엄'을 향한 존엄자인 인간이다. 존엄 자체는 무한한 의미를 갖지만, 존엄자인 인간은 한계 안에 갇혀 있다. 존엄 자체는 영원한 의미를 갖지만, 존엄자인 인간은 유한한 의미를 갖는다. 유한한 의미를 가진 존엄한 인간이 존엄 자체와의 관계 속에서 인지하는 그 긴장에 압도당하지 않고, 존엄 자체와 존엄자 사이의 긴장을 온몸으로 꼭 붙들고 존재하는 것이 존엄자인 인간의 본래적인 존재방식이라고 할 수 있다. 존엄 자체는 아니지만, 아무렇지도 않은 대상물이 아닌, 이미 존엄한 인간이면서 아직 완전한 존엄이 아닌, 그 사이 어딘가에 존재하고 있는 것이 존엄자인 인간의 본래적인 존재방식이다. 존엄 자체와의 관계 속에서 운명처럼 경험하고 있는 이러한 딜레마와 모순에 무너지지 않기 위해서 우리에게는 존엄물음을 멈추지 말아야 하는 몫이 주어져 있다. 아울러 우리가 존엄물음을 멈추지 않을 수 있도록 각 개인이 과도하게 지불해야 하는 부담을 덜어 주기 위해서는 구멍나지 않은 온전한 민주주의가 구조화되어서 우리의 삶의 구석구석 스며들어 있어야 할 것이다. 존엄 자체와의 긴장 관계를 지속할 수 있게 하는 토대로서 온전한 민주주의를 형성해 가는 것은 자기 몫이면서 동료시민 모두의 공동의 몫이다. 자기 책임이면서 공동책임이다. 그리고 이러한 자기 몫이자 공동의 몫에 대한 실천은 날마다 되풀이되는 우리의 일상생활 속에서— 가정에서, 학교에서, 직장에서, 마을에서, 그리고 사회

에서—실천되고 추구되어야 한다는 것을 우리 모두
는 어느 정도 이해하고 있다고 생각한다. 설령 이러한
우리의 생각이 누군가에는 헛된 것이라고 비난받는다
고 할지라도 우리는 생의 마지막 순간까지 이러한 생
각을 가지고 존엄한 삶을 추구해 갈 것이다.

3장

≋

——————

존엄망각을 극복하기

그 무엇으로도 감히 범할 수 없는 존엄 자체를 분유한 존엄한 인간임을 인지하고 추구해 가고 있음에도 우리가 여전히 존엄망각에 빠져 있는 이유는 무엇인가? 그것은 인간의 '존엄'을 괄호 안에 묶어 놓고 단지 자신이 가진 힘과, 권한, 권력으로 상대를 한갓된 사물로 객관화시키고, 대상화 시킬 수 있다고 보기 때문이다. 이러한 안타까운 상황을 일컬어 '존엄망각'이라 부를 수 있다.

우리가 사용하는 '존엄망각'이란 용어는 존엄 자체의 의미와 존엄자로서 인간 존재가 가진 절대적인 차이 자체를 구별하지 못함으로 발생하는 문제다. 존엄

존엄에 대한 생각

한 인간으로서 우리 모두는 분명 존엄한 인간임에도 불구하고 아직은 완전한 존엄 자체는 아니지만, 자신이 가진 비대칭적인 힘으로 상대를 한갓된 대상물로 여길 수 있다고 생각하는 사람들은 자신을 존엄 자체로 착각하면서 발생한 오류라고 볼 수 있다.

존엄망각에 대해서는 하이데거가 『존재와 시간』에서 존재와 존재자의 차이를 구별하지 못함으로 인해 존재망각에 처하게 되었음을 이야기한 텍스트를 참고로 '존엄망각'에 대한 우리의 고민을 비유적으로 다음과 같이 이야기할 수 있다.

"초·중·고·대학 학습의 장에서 치열하게 탐구해 왔던 존엄물음이었지만, 그러나 정작 일상생활세계 속에서는 침묵 속에 숨겨져 버렸다. 사람들은 존엄을 둘러싼 물음의 긴장감으로부터 해방되었다고 생각힌디. 존엄물음은 오늘날 망각 속에 빠져 있다. 사람들은 존엄의 의미에 대한 물음으로서 존엄물음은 불필요하다고 생각하며, 존엄물음을 소홀히 해도 좋다고 인정하고 있다. 왜냐하면 존엄은 가장 보편적인 동시에 가장 공허한 개념이라고 생각하기 때문이다. 존엄은 가장 보편적이고 일반적인 개념이기 때문에 이 개념이 무엇을 의미하는지 이미 자명하게 알려져 있다고 생각한다. 따라서 존엄에 대해 새삼스럽게 정의 내릴 필요도 없다고 생각한다. 또한 사람들은 존엄이 헌법에 언표되어 있지만 그것은 단지 상징일 뿐 추상적이고 공허한 개념이기에, 그것을 현실에서 굳이 실현하려고 애쓸 필요가 없다고 생각한다. 그럼에도 다양한 인간의 권리들을 나열한 뒤에 그러한 권리들을 보호하고 증진하고 개선하고 충족함으로서 존엄을 실현하고 있다고 생각한다. 그러나 존엄망각으로부터 벗어나기 위해서는 이렇듯 이미 존엄을 이해하고 있다는 편견을 극복하고 존엄의 의미에 대한 존엄물음을 다시 재개해야 할 필요성이 있다. 우리는 여전히 존엄의 의미에 대한 존엄물음을 강력하고 근본적으로 제기해야 한다."

그 무엇으로도, 그 누구도 감히 범할 수 없음으로서 존엄의 의미를 우리는 정말 온전하게 이해했는가? 존엄의 본래적인 의미를 절실하게 묻는 캐물음을 통해 우리는 존엄망각을 극복할 수 있다고 생각한다. 그럼에도 불구하고 사람들이 '그래서 존엄의 의미에 대한 물음을 물어서 어떤 결과를 얻었냐'고, '그래서 무엇이 달라졌냐'고 따져 묻는다면, '존엄'의 본질적인 의미는 '그 무엇으로도 감히 범할 수 없음'이기에, '우리가 존엄한 인간으로서 존엄 자체의 본래적인 의미를 캐물으며 존엄한 삶을 온전히 향해 가고 있는지, 지금 이렇게 이런 식으로 살아가도 되는 것인지'에 대해 캐물음을 한다고 해서, 존엄한 삶을 A의 방식으로 살아가면 된다거나, 혹은 B의 방식으로 살아가면 된다고 규정할 수는 없다. 존엄은 그 무엇으로도 감히 범할 수 없기에, 아무리 존엄에 대한 캐물음을 절실하고 절박하게 한다고 해서 그러한 캐물음이 존엄을 어떤 무엇으로 규정하는 것을 정당화하지는 못할 것이다. 그렇다면, 손에 잡히게 명확한 그 무엇으로 규정할 수도 없으며, 규정하지도 못한다면, 어떻게 존엄한 삶을 살아갈 수 있느냐고 되물을 수 있을 것이다.

거기에 대해 우리는 존엄한 인간의 삶이 지금 여기에서 얼마나 실현되고 있는지, 존엄한 인간의 삶이라고 주장할 수 있는 증거 제시나, 존엄한 인간의 삶이라고 타당하게 말할 수 있는 결과물이나 성과를 내놓으라고 요구한다면, 우리는 단호하게 거부할 것이다. 왜냐하면 존엄은 그 무엇으로도 감히 범할 수 없기 때문이다. 그 무엇으로 규정할 수 있는 존엄이라면 그러한 존엄은 더 이상 존엄 자체가 아니라, 대상화된 존엄에 불과할 것이며, 계획되고 구성되고 관리될 수 있는 대상화된 존엄에 머무르고 말 것이기 때문이다. 존엄한 인간의 삶을 추구하는 우리 모두에게 존엄한 인간의 삶이란 날마다 되풀이되는 실천의 장에서 그 무엇으로도 감히 범할 수 없음이라는 존엄 자체의 본래적인 의미를 본질적으로 캐묻는 과정 자체이며, 생의 마지막 순간까지 지속되어야 할 삶의 과정 전체라고 할 수 있다.

따라서 우리에게 중요한 것은 존엄의 본래적인 의미를 캐묻는 그 길에서 벗어나지 않는 것이다. '언제 도달하는가?'는 사실 중요하지 않을 수 있다. 그 무엇으로도 감히 범할 수 없음이라는 존엄 자체의 본래

존엄에 대한 생각

적인 의미를 생각하면 지금 여기에서 존엄한 삶의 실현 여부를 측정하고 파악하려는 순간 사라질 수 있기 때문이다. 다만 우리는 존엄의 의미를 캐물으며, 동료시민들과 숙의적·협력적 소통의 공론장에서 우리가 지금 여기에서 존엄한 인간의 삶을 살아가고 있는지 대화할 수 있다. 그렇지만 이 대화의 결론을 거수다수결이나 만장일치의 방식으로 규정하는 것에 머물러서는 안 될 것이다. 공론장에 참여하는 동료시민들의 숙의적·협력적 소통을 통해 자연스럽게 공명하는 맞울림이 경험된다면, 어느 정도는 지금 여기에서 우리의 삶이 존엄 자체와 관계해서 존엄한 인간의 삶을 온전히 살아가고 있는 것은 아닌지 조심스럽게 환대하고 받아들일 수 있을 것이다.

우리를 존엄망각에 처하게 하는 중요한 이유는 이미 존엄한 인간이지만 존엄 자체는 아니기에, 부모라는 이유로, 선생이라는 이유로, 리더라는 이유로, 더 많은 힘과 권한을 가지고 있다는 이유로, 혹은 상대의 성공과 행복을 위한다는 이유로 상대를 자신의 자의적인 의지에 따라 총체적으로 관리할 수 있다고 여기거나, 장악하고 통제할 수 있는 대상물로, 그래서 얼마든지 한갓된 대상물처럼 다룰 수 있다고 생각하기 때문이다. 이러한 대상화의 오류는 우리 자신이 상대를 대상화하겠다는 의지나 의식에 따라 이루어지는 '의도적 대상화의 오류'뿐만 아니라 자신의 의지나 의식과 관계없이 문화적으로 관습적으로 구조화된 편견에 의해 수행되는 '비의도적 대상화의 오류'로 나타나곤 한다.

대상화는 인간을 사회적 수단으로 이해하면서 물건이나 상품으로 치환되어 사고파는 대상으로 간주할 때 발생한다. 대상화가 발생하면 해당 개인은 비인격화되며, 이에 따라 사회적으로 그 어떤 고유성과 특이성도 갖지 못하게 되거나 극도로 제한적인 특성에 규정된 사물이 된다. 대상화는 차별과 혐오의 또다른 얼굴이다. 타인에 의해 하찮은 인간인 것처럼 이용당할 수 있는 사람들은 사회적 관점에서 볼 때 더 이상 온전한 인간이 아니게 되며, 자신의 존재가

펌훼되는 경험을 통해 인간성에 상처를 입게 된다.[8] 우리는 사회적 관계와 일터에서 존엄한 인간임을 인지하고 다양성과 차이를 존중하고자 상대를 있는 그대로 존중하고자 하는 선한 의도와 동기를 가지고 있으며, 목표와 목적 역시 존엄한 인간의 다양성과 차이를 존중하고자 함에도 불구하고 왜 우리는 그렇게 하지 못하고 여러 가지 이유와 조건을 핑계로 상대를 대상화하고 사물화하게 되는가? 그것은 우리도 미처 인식하지 못하는 구조화된 편견에 갇혀 있기 때문이다. 문화, 관습, 언어, 생활방식 등 우리를 둘러싼 환경 자체가 우리로 하여금 지속적으로 자신의 효용과 이익을 위해 상대를 대상화하도록 유인하고 있다. 우리는 이러한 구조화된 편견의 실체가 무엇인지, 일면적으로가 아니라 다면적으로가 아니라 전면적으로 내면화된 구조화된 편견이 무엇인지 캐물어야 한다.

우리는 이것을 '내면화된 대상화전략'이라고 부르고자 한다. 내면화된 대상화전략은 일종의 자기 생존전략의 일환이다. 자신의 생존전략을 위해 관계 맺고 있는 상대를 존중하고 인정할 수도 있지만, 자기생존을 위해 상대를 대상화하거나 사물화할 수도 있는 것이다. 엄마 배 속에서 태어날 때부터 우리 안에 구조적으로 내재된 생존전략으로서 '내면화된 대상화전략'을 극복하는 것이 우리를 존엄망각으로부터 벗어나게 하며, 존엄 자체를 지향하는 존엄한 인간인 우리의 존재방식일 것이다.

누스바움Nussbaum(1947~)은 우리가 고민하는 것과 다른 맥락에서 「대상화Objectification」[9]라는 논문에서 대상화의 여러 방식에 대해 이야기하고 있다.

⑴ 도구성: 대상화의 주체가 타인을 본인의 목적을 위한 한낱 도구로 대한다.

⑵ 자율성의 부정: 대상화의 주체가 타인을 자율성과 자기결정권이 결여된 존재로 대한다.

⑶ 비활동성: 대상화의 주체가 타인을 행위성이 없거나 행동을 취할 역량이 없는 존재로 대한다.(자기 발언적 주체임을 부정하고 말할 수 있는 능력이 결여되어 있어서 언제나 항상 침묵하고 있는

것처럼 대한다)

(4) 대체 가능성: 대상화의 주체가 타인을 본질적으로 다른 사람과 교환하거나 대체할 수 있는 존재로 대한다.

(5) 침해 가능성: 대상화의 주체가 타인을 경계 완전성이 결여되어 침해하거나 망가뜨려도 되는 존재로 대한다.

(6) 소유: 대상화의 주체가 타인을 다른 사람이 소유하거나 사고팔 수 있는 존재로 대한다.

(7) 주체성의 부정: 대상화의 주체가 타인을 마치 고려할 가치가 없는 경험과 감정을 지닌 존재로 대한다.

인간을 '대상화·사물화·객관화'하는 모든 시도는 의도적이든 비의도적이든 그 무엇으로도 감히 범할 수 없는 인간을 하찮은 것으로 무시하고 배제함으로의 존엄을 망각할 위험이 있다. 그렇기에 언제 어떠한 순간과 상황 속에서도 그 무엇으로도 감히 범할 수 없는 존엄한 인간으로 관계할 수 있는 '실천의 힘'으로서 존재역량이 요구된다.

존엄한 인간을 존엄자체가 아니라는 이유로 대상

화함으로 존엄망각에 빠지는 것을 극복하기 위해서는 일상의 모든 관계에 구조화된 편견에 균열을 내고 저항해야 한다. 관습적으로 순종해 온 가부장적·위계적·관료적 관리방식에 의한 권력의 미시물리학과 미시폭력(마이크로어그레션Microaggression)에 대한 민감성을 내면화해야 한다. 이를 위해서는 '존엄지향실천'을 수행해야 하며 '물음의 n승'으로서 '전복적 캐물음'이 필요하다. 우리를 존엄망각에 빠지게 하는 대상화를 극복하기 위해 전복적 캐물음을 하자는 이유는 우리 자신과 동료시민들은 언제나 항상 그 무엇으로도 감히 범할 수 없는 존엄한 인간으로 존중함으로서 공존을 넘어 공향[10]하는 삶을 경험할 수 있으며, 존엄사회로 나아갈 수 있는 가능성을 넓힐 수 있기 때문이다. 우리의 모든 개인적·사회적 관계 안에서 존엄망각을 극복하는 존엄지향실천을 위해서는 삶의 매 순간마다 존엄의 본래적인 의미를 캐물으며 실천하는 전복적 실천의 힘이 요구된다.

한편으로 상대를 위해 깊은 관심을 갖고 애정을 갖

존엄에 대한 생각

고 심지어는 진심 어린 헌신으로 상대를 위한 관계 속에서 존엄망각에 빠지는 경우를 생각해 보고자 한다. 자기 이익과 효용을 위해 상대를 대상화함으로서 존엄망각에 빠질 수 있다는 것은 이해가 되는데, 어떻게 상대를 위한 진심 어린 희생과 헌신이 우리를 존엄망각에 빠트릴 수 있단 말인가? 일견 납득이 안 될 수 있다. 우리는 이러한 상황을 '진정성의 폭력'이라고 부르고자 한다. 상대를 위한 진정성을 가진 접근이나 관계방식이 오히려 상대를 대상화하고, 존엄에 대한 존중이 아니라, 존엄망각에 빠질 수 있는 이유는 진정성의 이름으로 상대에 대한 대상화를 합리화하고 상대의 존엄을 존중하고 있다고 착각하게 만들기 때문이다. 상대를 위한 진정성이 크면 클수록 상대를 자신의 진심과 애정 아래 가두고자 하는 진정성의 폭력은 더 강하게 드러날 수 있다. 영혼을 다한 진정성으로도 감히 범할 수 없는 것이 존엄의 본래적인 의미임을 망각해서는 안 될 것이다.

이미 존엄한 인간이지만, 일상 속에서 도래할 존엄

자체를 추구해 가는 운명의 몫을 가지고 있는 존엄자로서 우리 모두는 우리 자신을 존엄망각에 빠트리는 이러한 위험을 인식하고 자기극복과 동료시민들과 함께 협력적 극복을 위해 소통하고 대화하는 실천을 지속해야 할 것이다. 우리는 언제나 항상 존엄 자체에 근거해서 존엄한 인간의 삶을 지속할 수 있는 존엄자다.

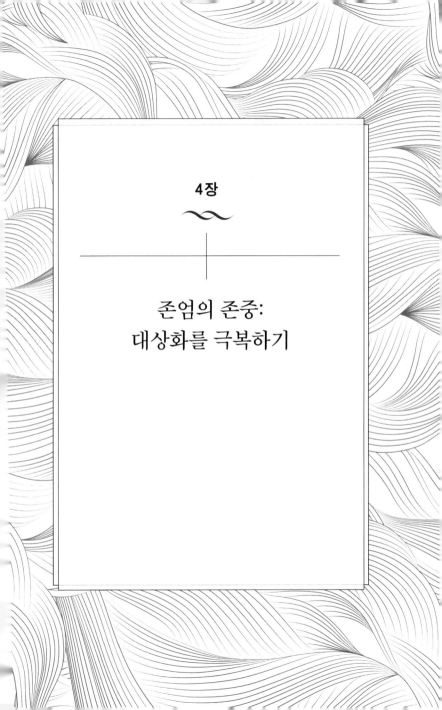

4장

$\approx$

존엄의 존중:
대상화를 극복하기

다양성과 차이 존중에 대한 동기를 가지고 존엄한 인간의 삶을 목적과 목표로 추구함에도 불구하고 우리의 일상은 여전히 상호존엄과는 거리가 멀고, 여전히 지지부진하며, 왜 우리는 여전히 상대를 함부로 대할 수 있는 대상으로 여기며, 그리고 심지어는 혐오하기까지 하게 되는가?

과거 역사에서 인간의 존엄에 대한 인식이 있었지만, 중세와 근대를 거치면서 오랜 시간 인류는 왕의 권력에 예속된 상태에서 왕보다 열악하고 무력한 자로 취급되어 왔다. 왕의 은총과 은혜를 요청하는 청원인으로, 왕에게 하소연을 제안하는 민원인으로 전

존엄에 대한 생각

락된 채 오랜 시간을 살아온 것이다. 그런 인류가 근대 이후 인간 존엄에 대한 자기인식과 의식이 분절적으로 표현되고 회복되어온 시간의 흐름이 있었으며, 결정적으로는 18세기 미국의 독립선언(1776년)과 프랑스 혁명(1789년)을 계기로 '존엄한 인간'에 대한 철학과 가치를 공동으로 공유하게 되었다. 1948년 「세계인권선언」은 이러한 인류 공동의 가치가 집결된 문서라고 할 수 있다. 18세기 이래 그리고 20세기에 들어서 인류는 인간이 존엄하다는 믿음을 누구도 거부할 수 없이 자명한 원칙과 믿음으로 받아들이면서, 각 나라별로 그리고 지구적 차원에서 법과 제도로 구현하고자 노력해 왔다. 그러나 이미 존엄한 인간인 '존엄자'로서 그 무엇으로도 감히 범할 수 없는 '존엄' 자체를 추구하는 인간 실존을 이해하는 두 가지 오해로 인해서 우리는 여전히 우리의 간절한 소망과 관계없이 존엄 망각의 시대를 살고 있다.

존엄한 인간을 존중한다는 것은 한 개인에 대해 친절과 예의를 베풀거나, 무례하지 않게 행동하는 것을 넘어서는 관계방식이다. 감히 범할 수 없는 존엄은 추구하고 지향할 수 있을 뿐, 성취하거나 완성할 수 없기에, 존엄은 언제나 도래할 존엄이다. 그러나 우리는 이미 존엄한 인간으로서 존엄자이며, 존엄한 인간의 품격에 맞게 존엄사회를 향해 걸어갈 수 있는 것이다.

이미 존엄한 인간이나, 아직 완성되지 않은 존엄 자체를 추구하는 존엄자로서 존엄한 인간임을 인정[11]한다는 것은 '무지에서 앎으로 변화하는 것'이다. 인정이란 본래적인 진실을 아는 것이다. 그리고 인정이란 자기 자신의 본래성에 대한 앎이고, 자신이 수행한 행위가 무엇인지를 아는 것이다. 마치 오이디푸스가 자신이 죽인 사람이 아버지이고, 자신이 사랑한 사람이 어머니라는 것을 알게 되는 것을 인정하게 되었다고 말하는 것과 같다.[12]

존엄망각으로서 존엄한 인간을 대상화하는 것을 극복하기 위한 방법으로서 존엄인정은 3가지 단계로 표현된다.

(1) 동일성의 인정: 이것은 어떤 규정된 틀 안에 즉

동일한 범주 안에 포함되면 존엄한 인간으로 인정하는 것이다. 어떤 자격과 조건을 구비할 경우 동등하게 대우한다는 것이다. 일종의 능력주의가 동일성의 인정과 공명한다고 볼 수 있다. 우리가 당신을 존중하고 인정하는 것은 당신이 이러저러한 능력을 갖추고 있다는 것을 객관적으로 타당하게 확인했기 때문이라고 말하는 것이다. 그러나 동일성의 인정은 엄밀하게 말하면 그 무엇으로도 감히 범할 수 없는 존엄한 인간을 온전히 존중하고 존엄을 인정하는 것으로는 많은 한계를 보여 주고 있다."

(2) 차이존중의 인정: 반면, 차이존중의 인정은 존엄한 인간으로 인정한다는 것을 어떤 규정된 틀 안에 즉 동일한 범주 안에 포함되는 경우에 한해서가 아니라, 자기만의 고유성과 특이성을 표현하면서 탈코드화하는 차이마저도 존중하고 인정하겠다는 접근이다. 사실 우리 인간은 셀 수 없이 수많은 측면에서 다양성과 차이를 가지고 있다. 그러한 각각의 모든 다양성과 차이까지는 아니어도, 최대한 존엄한 인

간으로서 존중하기 위한 의지적인 노력이라는 점에서 차이존중의 인정은 동일성의 인정에 비해 한 걸음 더 나아간 대우라고 볼 수 있다. 그러나 그럼에도 불구하고 차이존중의 인정은 '존중'받을 만한 차이를 당사자 스스로가 보여 줄 경우에 한해서만 인정한다는 점에서 근본적인 한계를 가지고 있다. 그 무엇으로도 감히 범할 수 없는 존엄한 인간이라면, 존중받기 위해 무엇인가 고유하거나 특이성의 차이를 굳이 보여주거나 증명할 필요가 없다. 따라서 차이존중의 인정 또한 존엄인정의 관점에서는 온전히 인정하는 관계방식으로는 한계가 있다고 할 수 있다.

(3) 존엄의 존중: 우리가 자기 자신을 포함해서 사회적인 관계 속에 있는 누군가를 존엄한 인간으로 존중한다는 것은 모든 규정과 조건을 무력화하는 것으로서 그 무엇으로도 감히 범할 수 없는 존엄에 대한 분명한 인식과 이해로서 존엄지향실천으로 함께하는 것이다. 따라서 모든 인간을 존엄한 인간으로 받아들이면서, 어떤 규정이나 틀로도 패턴화할 수 없는 '탈

존엄에 대한 생각

코드화의 n승'을 하는 존재로 받아들이는 것이다. 존엄한 인간으로 존중한다는 것은 당위적인 존중이며, 존엄한 인간이 삶의 과정에서 보여 주는 다양한 '차이를 차이화하는 차이자체'를 존중하는 것이다. 존엄한 인간을 무한으로 관계 맺는 것이 존엄의 존중이라 할 수 있다. 존엄 자체와 관계 맺는 존엄존중은 자신을 지속적으로 확장해 가는 무한으로서 존엄에 대한 이해와 공명한다.

"우리는 존엄한 인간으로 태어났기에,
존엄한 영유아기를 보내고, 존엄한 교육을 받으며,
존엄한 일자리에서 존엄한 노동을 하고, 존엄하게 삶을
살다가, 존엄한 노년을 맞이하고, 존엄한 돌봄을 받으며
생을 마감할 수 있는 그런 존엄한 사회를 꿈꾼다."

5장

~~

無한으로서의 존엄

우리는 존엄의 본래적인 의미인 '그 무엇으로도, 그 누구도 감히 범할 수 없다'는 말에 대한 생각의 이미지를 어떻게 표현할 수 있는가? 베르너 마이호퍼 Werner Maihofer(1918~2009)[13]는 인간의 존엄에 대해 '개인의 법적 권리나 법적 이익이 아니라 인류 전체에게 귀속되는 일반적 가치'라고 주장한다. 인간의 존엄은 자신의 고유한 인격성과 존엄한 타자인간과의 연대성 및 존엄한 인간 종인 인류 전체라는 맥락 속에서 인간의 존엄이 설명될 수 있다는 것이다.[14]

마이호퍼가 제시한 존엄에 대한 일련의 설명만으로는 존엄이 가지고 있는 그 깊은 의미를 충분히 드

존엄에 대한 생각

러내는 데 한계가 있다. 따라서 우리는 '감히 범할 수 없음'으로서 존엄의 의미에 대해 좀 더 캐묻기 위해 칸트Immanuel Kant(1724~1804)가 소개한 존엄의 의미를 검토하고자 한다. 칸트가 본래 미적 경험으로서 '숭고'의 의미를 설명하기 위해 쓴 글이지만, 우리는 이 내용을 '존엄'의 관점에서 재해석해서 적용해 보고자 한다.

"단적으로 큰 것을 우리는 존엄하다고 부른다. 단적으로 크다는 것은 일체의 비교를 넘어서 큰 것이다. 존엄은 이성으로도 감성으로도 설명할 수 있는 개념이 아니다. 그것은 전혀 아무런 인식원리도 지니고 있지 않은 것이다. 존엄하다는 것은 그것과 비교하면 다른 모든 것이 작은 것이다. 즉 존엄하다는 것은 그것을 단지 생각할 수 있다는 것만으로도 감각과 이성의 모든 척도를 뛰어넘는 것을 의미한다. 따라서 존엄하다는 것은 객관화할 수 있는 어떠한 규정도 가져서는 안 된다."[15]

이처럼 존엄은 그 무엇으로도 대상화시킬 수 없는

'무한'의 의미, '무한의 무한화'라는 의미를 내포하고 있다.[16] 레비나스Emmanuel Levinas(1906~1995)는 『전체성과 무한』에서 무한이란 '끝을 알 수 없다', '끝이 없다', '끝을 모른다'의 의미로 이해되지만, 실상 무한이라는 개념을 보다 잘 설명하는 것은 '자신을 지속적으로 확장해 가는 성질로서 무한'을 이해하는 것이 타당함을 강조하고 있다. 그 무엇으로도 감히 범할 수 없는 존엄을 이야기한다는 것은 어디까지가 경계라고 규정하는 접근 자체를 무력화시키는 것이다. 우리는 보통 일상에서 존엄물음 앞에서 이렇게 반문한다. '열 번을 말해도 못 알아듣는 사람들도 존엄을 존중해야 하는 것인가?', '일을 제대로 못하고 일일이 지시를 해야 하는 사람들의 존엄도 존중해야 하는 것인가?'. 물론, 더불어 함께 일하는 동료주체와의 관계에서 제기되는 이러한 현실은 분명 우리를 힘들게 하는 것은 맞지만, 말귀를 제대로 못 알아듣고, 업무를 제대로 수행하지 못하는 역량의 부족에 대한 비판 혹은 문제제기와 인간 존재자의 존엄을 존중하자고 하는 것은 별개

존엄에 대한 생각

의 문제로 구별할 수 있어야 할 것이다. 우리가 사회적 삶에서 폭력과 살인을 범하거나, 동료시민들이 사회적으로 합의한 법을 어기는 경우에는 인간의 존엄을 무시해서가 아니라, 더 많은 동료시민들의 존엄한 삶을 위해 사법적 처벌을 가하는 것을 받아들이고 있다. 독재권력에 의해 수립된 법이 아니라, 민주적 절차와 민주적 정당성을 가진 법과 제도를 어기는 것에 대해서까지 우리가 존엄을 이야기하는 것은 인간 삶에서는 한계가 있을 것이다. 그러나, 명백한 법적 제도적 위반이 아니라, 단지 우리와 함께한 실천적 합의와 약속을 어겼다고 해서 인간의 존엄을 어떻게 함부로 할 수 있다고 생각해서는 곤란할 것이다. 업무적 한계와 부족에 대해서는 업무적으로 소통하고 문제를 해결하는 접근을 하되, 그 과정에서조차도 우리는 상대가 그 무엇으로도 감히 범할 수 없는 존엄한 인간이라는 것을 망각하지 않고 관계 맺는 힘이 요구된다고 할 수 있다. 그리고 그러한 존엄지향 관계 맺음의 실천에는 한계가 없다고 할 수 있다. 상대에게 얼마만큼 해야 상대의 존엄을 존중했다고 말하기는 힘들다. 그렇게 규정을 지을 수 있다면, 아무리 그 수준이 높다고 할지라도 그 높은 수준만큼 대상화된 존엄에 머무를 위험이 있다. 그래서 우리는 존엄물음을 '무한'이라는 개념과 연결해서 생각하고자 하는 것이다. 이것이 무한으로서 존엄에 대한 이해이며, 존엄의 무한화라고 할 수 있다. 레비나스는 『전체성과 무한』에서 무한의 의미를 다음과 같이 설명하고 있다.[17]

"무한의 관념 속에는 언제나 사유 바깥에 머무는 것이 사유된다. 무한과 맺는 관계는 경험의 용어로 진술될 수 없다. 왜냐하면 무한은 무한을 생각하는 사유를 넘어서기 때문이다. 무한의 관념은 '무한의 무한화'를 생산한다. 그러나 무한의 경험이 타자와 맺는 관계라면, 무한과 맺는 관계야말로 온전한 경험을 성취하는 것이다."

아울러 "무한으로서 타자, 절대적 타자는 내가 소유하거나, 셈할 수 있는 수數, number로도 환원되지 않는다. 타자는 나의 자의적인 힘으로 대상화할 수 있는 관계망으로 환원되지도 않는다. 타자와 주체는 공동 개념이 아니다. 소유도, 수의 통일도, 개념의 통일도 나와 타자를 연결시키지 못한다. 타자는 낯선 무한이다."

우리는 레비나스가 무한의 무한화로 설명한 내용을 다소 어렵지만 존엄을 통해 우리가 마땅히 생각해야 하는 본래적인 의미를 생각해 보고자 한다. 그 무엇으로도 감히 범할 수 없는 존엄은 무한의 무한화를 가능하게 하는 힘을 가지고 있다. 일상생활세계 속에서 무한으로서 존엄의 의미를 보다 힘 있게 이해하기 위해서는 캐물음의 역량이 요구된다. 캐물음이란 단지 깊고 넓게 생각하는 게 아니다. 캐물음이란 '물음의 n승'을 의미하는 것이다. 물음의 무한화라고 할 수 있다. 존엄한 삶은 이렇게 이런식으로 살아가면 되는 것인가라는 물음에 대해 '예 혹은 아니오'로 응답하는 것이 아니라, 지금 여기에서 이렇게 이런 식으로 계속해서 살아가도 괜찮은 것인가에 대한 물음을 반복적으로 지속하는 것이다. 물음의 n승이란 지금 여기에서의 삶이 존엄한 인간에 적합하다고 생각하는 것에 대해 다시 생각하고, 다르게 생각하고, 더 깊게 생각하고, 한 걸음 더 들어가서 생각하면서 실천하는 역량이다. 그렇기에 무한으로서 존엄을 이해한다면, 존엄한 인간으로서 우리의 삶은 동일함을 반복하는 기계적인 삶이 아니라, 들뢰즈Gilles Deleuze(1925~1995)가 말한 것처럼 '차이를 차이화하는 차이주체'의 삶으로 힘 있게 살아갈 수 있을 것이다.[18] 차이를 차이화하는 차이주체의 삶이란, 단지 재코드화를 위한 탈코드화가 아니라, 탈코드화의 n승으로서 차이와 다름을 생성하는[19] 유목적 주체[20]의 삶을 힘 있게 살아가는 것과 공명하는 존엄한 인간의 존재방식인 것이다.

그동안 우리 사회는 암묵적으로 대학을 나와서 대기업에 입사해서, 결혼을 하고 쾌적한 집에서 자녀를 키우면서 살아가는 삶을 행복하다고, 나름 성공했다고 평가하는 기준을 갖고 있다. 그러나 그런 방식의 삶을 자기만의 삶의 방식으로 선택하는 것에 대해서는 인정하고 존중하지만, 그런 형태의 삶을 모두가 마땅히 따라야 할 표준으로 제기하는 것에 대해서는 근본적으로 반대한다. 존엄한 삶의 방식은 그 어떤 기준으로도 패턴화하거나 규정화할 수 없기 때문이다. 규정하는 순간 그 삶은 더 이상 존엄한 삶이 아니라, 그저 대상화된 인간의 삶일 것이기 때문이다. 물론 누군가의 삶을 한갓된 대상화된 삶으로 여기면서 어떤 한정된 형식으로 규정하고 패턴화한다고 할지라도 그속에 갇혀 있는 사람들 역시 존엄한 인간임에는 틀림없다. 패턴화된 삶에 자신을 가두든, 외부의 힘에 의해 갇혀있든 어쨌든 그 사람들 역시 존엄한 인간임에는 변함없다. 다른 한편으로, 존엄한 인간이 선택한 삶이 언제나 항상 존엄 자체로서 존엄한 삶이 되는 것은 아니다. 그 무엇으로도 감히 범할 수 없는 존엄 자체이지만, 존엄한 인간인 우리들이 동료시민들과 더불어 함께 숙의적이고 협력적인 소통을 통해 상호이해적으로 받아들일 수 있는 어떤 의미장에서 우리는 존엄한 삶을 경험할 수 있다고 일시적·맥락적·잠정적으로 말할 수 있을 것이다. 뿐만 아니라 현재세대 내에서 그리고 미래세대와도 공명할 수 있을 때 그 삶의 방식을 존엄한 인간다운 삶이라고 일시적·맥락적·잠정적으로 받아들일 수 있을 것이다. 상호이해지향적 협력적 소통을 통해 존엄한 삶에 대해 공명한다는 것이 간단치는 않지만, 그럼에도 불구하고 우리가 굳이 이러한 캐물음을 하는 이유는 영원히 도달하거나 성취할 수 없음에도 도래할 존엄에 대한 물음을 가지고 살아가는 것을 자신의 고유한 존재방식으로 받아들이는 존엄 자체를 분유한 존엄한 인간이기 때문이다.

존엄한 삶을 지속하고자 하는 '존엄한 인간으로서 존엄자'에 대해서는 인류학, 사회학, 심리학 등 다양한 학문 분과에서 이해할 수 있는 수준으로 정의내리고 설명하면서 해석하고 있지만, 도래할 '존엄' 자체는 그럴 수 있는 성질이 아니다. 아낙시만드로스의 표현을 빌리자면 존엄은 '아페이론'과 같은 의미로 이해할 수 있다. 무한의 무한화를 수행하는 존재이며, 어떤 힘으로도 한계와 경계를 지을 수 없는 그런 의미를 가지고 있는 것이 '존엄 자체'다. 물론 이미 우리는 '존엄 자체'를 분유하고 이미 어느 정도는 존엄한 삶을 살아가는 인간 실존으로서 '존엄자'이기에 우리의 일상적인 삶에서 존엄의 의미를 경험할 수 있다. 그렇지만 유한한 인간 실존인 우리는 그 무엇으로도 감히 범할 수 없는 무한의 무한화의 과정 속에 있는 존엄 자체를 완전히 성취하거나 완성할 수 있는 것은 아니다. 존엄한 인간을 존엄 자체가 아니라는 이유로 함부로 관리할 수 있는 대상으로 여겨서도 안 되지만, 자신이 가진 힘과 권한으로 인해 자신을 존엄 자체인 존엄한 인간으로 착각하면서 다른 모든 사람을 통제하고 장악하려고 해서도 안 될 것이다. 어떤 이유에 의해서든지 존엄 자체와 존엄자인 인간의 절대적인 차이를 망각하는 존엄망각에 빠지지 않아야 할 것이다. 무한으로서 존엄에 대한 캐물음을 할 수 있다면, 가정에서, 학교에서, 직장에서, 사회에서 우리로 하여금 어떠한 이유로도 우리와 사회적 관계를 맺고 있는 상

대를 대상화하거나, 장악하거나, 관리하고자 하는 욕
망으로부터 우리 자신을 벗어나게 해 줄 것이다.

존엄에 대한 생각

6장

존엄은 보장받을 수 있는 권리가 아니다

그 무엇으로도 감히 범할 수 없는 존엄은 일종의 기본권이나 사회권, 노동권, 주거권, 이동권과 같이 주장하거나, 효력을 보장받을 수 있는 권리[21]와는 성격이 다르다. 우리는 일반적으로 인간의 권리로서 존엄권을 이야기하고, '존엄한 삶의 권리로서 인권', '존엄할 권리' 등으로 표현하곤 한다. 그러나 존엄한 삶이란 존엄자인 인간 각자가 당당하게 주장하거나, 보장받을 수 있는 그런 종류의 권리가 아니라는 것이다. 존엄은 감히 범할 수 없음인데, 내가 존엄권을 주장하기 위해서는 권리주장을 할 존엄의 내용을 어떤 무엇으로 규정하고 한정할 수 있어야 한다. 혹

존엄에 대한 생각

은 상호이해 가능한 방식으로 명확하게 소통할 수 있어야 한다. 그러나 우리는 이 책에서 존엄은 그렇게 대상화시킬 수 있는 성질의 것이 아님을, 그래서 대상으로서 규정할 수 없다고 지속적으로 이야기하고 있다.

권리들의 권리를 담지한 존재로서 인간의 권리, 존재의 권리로서 인권을 이야기할 때, 인간이 법적으로 보장받는 다양한 권리들을 보장하고 충족하고 인권을 보호하고, 인권을 증진하고, 인권을 개선하라는 등의 용어를 사용하는데, 이러한 일련의 용어들이 비의도적으로 존엄한 인간을 대상화시키고 있다는 것을 알 수 있다.

권리를 주장하거나, 권리의 효력을 요청하거나, 권리가 보호받거나, 권리가 침해당하기 위해서는 반드시 권리는 규정되고, 한계를 가지고 있어야 한다. 그런 점에서 인간의 권리로 이해되는 인권담론은 안타깝게도 의도하지 않았음에도 '존엄한 인간'의 본래적인 의미를 망각하게 하는 매개 역할을 수행하고 있다

는 것을 지적하지 않을 수 없다. 비의도적인 대상화의
오류에 빠지면서 존엄한 인간에 대한 존중을 위한 일
련의 시도들이 오히려 존엄한 인간을 배제하고 있다
는 불편한 진실을 발견할 수 있다.

존엄을 권리로 이해하고 보장받을 수 있거나, 지원
하거나 보호할 수 있다고 생각하는 비의도적인 대상
화의 오류에 빠지는 사례는 도처에서 경험할 수 있
다. 가정에서 부모와 자녀의 관계에서, 학교에서 교
사와 학생의 관계에서, 직장에서 리더와 직원의 관계
에서, 그리고 정치가나 공무원과 주민의 관계에서 이
러한 오류는 일상적으로 반복되곤 한다. 특별히 인간
의 존엄을 목적으로 하는 복지실천의 장에서 이러한
오류를 경험하곤 한다. 존엄한 삶의 권리로서 인권을
이해하는 복지실천가들은 복지실천의 본래적인 목적
을 지역사회의 모든 동료주민들이 인간다운 삶으로
서 존엄[22]한 삶의 권리를 침해당하지 않고 공향共享[23]
할 수 있도록 하는 것으로 받아들이고 있다. 동료주
민의 인간다운 삶으로서 존엄한 삶의 권리를 위한 복

　　　　　　　　　　　　존엄에 대한 생각

지실천에 대해 두 가지 범주로 구별해서 설명할 수 있다. 하나는 기술적인 측면이 강조되는 복지관리적 접근이며, 다른 하나는 규범적 측면이 강조되는 복지가치적 접근이다. 복지관리적 접근은 복지실천가의 행태와 일하는 방식을 통제하고, 조직운영의 효율성과 더 나은 실적과 성과를 증대시키는 것이 복지실천의 본래적인 존재방식임을 강조하는 것이다. 반면 복지가치적 관점은 동료주민들의 작은 목소리에 귀를 기울이고 '욕구를 파악하고 해결하기 위해 정기적으로 주민의 의견을 수렴하고 반영하거나', 동료주민들이 자기 목소리를 힘 있게 표현하도록 '옹호하거나', 동료시민들이 지역사회 변화의 실행 주체이며, 의사결정의 주체로 역할을 수행하도록 '촉진하는' 것을 복지실천의 본래적인 존재방식으로 보는 관점이다.

복지관리적 관점에서 동료주민들을 '앞에서 이끌거나', '장악하거나', '총체적 관리'의 대상으로 여기든, 복지가치적 관점에서 동료주민들의 작은 목소리를 '대변하기 위해 정기적으로 수렴하고 반영하거나', 동료주민들이 자기 목소리를 힘 있게 표현하도록 '옹호하거나', 동료주민들이 지역사회 변화의 실행 주체이며, 의사결정의 주체로 역할을 수행하도록 '촉진하는' 역할을 수행하든 결국은 복지실천가들에게 동료주민은 의도적이든 비의도적이든 주도할 수 있는 대상일 뿐, 본질적으로는 감히 범할 수 없는 존엄한 동료주민으로 존중하는 것에 한계를 갖고 있다. 최근 복지실천의 장에서 권리복지 혹은 인권복지를 강조하면서 복지실천가들이 사명을 수행하기 위해 필요한 역량으로 주민대응성을 강조하고 있다. 주민대응성이란 지역사회에 함께하는 '동료시민의 목소리와 의견을 반영하고 수렴하는' 복지실천의 존재방식을 이야기하는 개념이다. 그런데, 반영하고 수렴하기 위해서는 반드시 전제해야 할 조건이 있다. 그것은 반영하고 수렴하기 위해서는 반영당하고 수렴당하는 것은 반드시 어떤 규정 안에 한계 지어져야 한다는 것이다. 즉 대상으로 장악될 수 있어야 한다. 예를 들어, 지역에 위치한 복지관은 마을에 거주하는 동료시민의 목소리를 반영하고 수렴하는 복지사업을 수립하고 결정하고 집행하고 평가할 수 있다. 그러나, 우주의 목소리를 반영하고 수렴하는 우주사업을 수립하고 결정하고 집행하고 평가할 수는 없다. 우주의 목소리는 수렴하고 반영할 수 있을 수준으로 대상화할 수 없기 때문이다. 이러한 문제의식은 기존에 우리가 당연하다고 여겨왔던 자선적·시혜적·연민의 욕구복지실천 패러다임에 대해 근본적인 의문과 전복이 필요하다는 것을 이야기하고 있다.

복지실천가들의 존재이유는 사회적가치를 추구하는 것인데, 사회적가치의 본질적인 의미는 주민의 존엄한 삶의 권리를 보장하고 존중하는 것이다. 그러나 존엄은 '그 무엇으로도 감히 범할 수 없음'이기에 복지실천가들이 사회적가치의 관점에서 주민의 존엄한 삶의 권리를 욕구로 전환해 파악하고 측정해서 해결하거나 충족하겠다는 접근은 잘못된 접근일 뿐만 아니라 '존엄'의 관점에서 근본적으로 한계를 가질 수밖에 없다. 관리적 관점이든 가치적 관점이든 이 두 가지 관점을 통합하든 복지실천의 본래적이고 내재적인 목적이 지역사회 모든 동료주민들이 인간다운 삶으로서 존엄한 삶이 침해당하지 않고 동료시민들과 더불어 함께 공향할 수 있도록 함께하는 것이라고 전제할 때, 존엄망각실천을 극복하고 존엄지향실천의 힘을 회복하고 강화할 수 있는 고민이 필요하다고 이야기할 수 있다.

그 무엇으로도, 그 누구도 감히 범할 수 없는 존엄한 삶은 탈매개적인 관계를 통해서 침해당하지 않고 온전히 경험될 수 있다. 존엄을 추구하는 존엄자인 인간 실존에게 있어서 인간의 권리로 일컬어지는 수많은 권리들이 충족된다고 해서 존엄 자체를 성취했다고 말할 수는 없다. 시민권, 정치권, 경제적, 환경권, 문화권, 생존권, 이동권, 노동권, 거주권, 교육권, 여가권, 놀이권, 생활체육권, 깨끗한 공기를 마실 권리, 안전하게 일할 권리 등 도시에 대한 권리로 대변되는 이러한 권리들은 어떠한 환경과 조건에 관계없이 '동료시민들을 존엄한 인간'으로 인정하기 위한 법

존엄에 대한 생각

적·제도적 보장체계를 마땅히 요구하는 본래적·내재적 힘이다. 그러나 이러한 모든 권리들이 충족되고, 우리가 상상할 수 있는 모든 권리들이 보장된다고 할지라도, 존엄자인 인간 실존이 존엄 자체를 완전하게 성취해 존엄한 인간 자체의 삶을 온전하게 향유할 수 있다고 말할 수는 없다. 만약 그것이 가능하다면, 그것은 더 많은 권리들을 향유하는 대상화된 인간일 뿐, 그 무엇으로도, 그 누구도 감히 범할 수 없는 존엄 자체일 수는 없다. 감히 범할 수 없는 존엄의 실천적 의미 자체가 무한의 무한화로 뻗어 나가기 때문이다. 따라서 자신을 다른 인간과 동일한 존엄한 인간으로 대우하라는 동일성의 권리인정은 감히 범할 수 없는 존엄을 침해할 가능성을 가지고 있으며, 자신만의 고유성과 특이성을 가진 차이를 존중해 달라는 차이존중의 권리인정은 존중받을 만한 차이를 증명하라는 점에서 이 역시 감히 범할 수 없는 존엄을 침해할 가능성을 내포하고 있다. 따라서 우리는 동일성의 권리인정과 차이존중의 권리인정을 넘어서 그 무엇으로도 감히 범할 수 없는 존엄 존중 그 자체를 이야기하고 추구해 가야 할 것이다. 존엄은 보호하거나, 증진하거나, 발전시키거나, 혹은 보장하거나, 효력을 주장하거나, 충족해 줄 수 있는 권리가 아니다. 존엄은 온전히 함께함을 통해서만 존중할 수 있다. 함께하는 것은 온전히 함께하는 것이다.

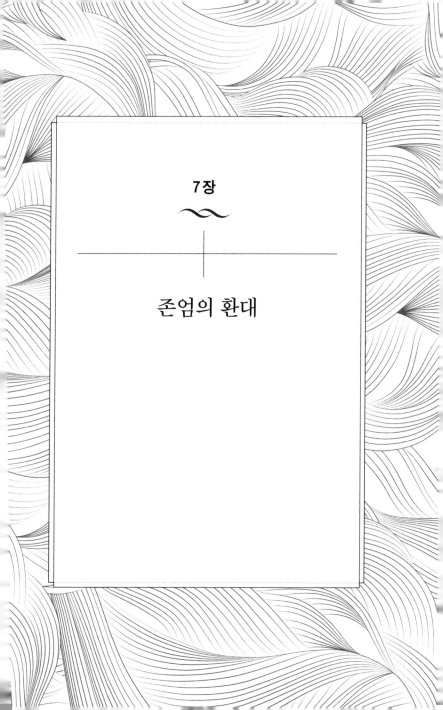

7장

존엄의 환대

우리는 이미 존엄한 인간임에도 불구하고 현실 속에서는 존엄한 인간으로 인정받지 못하고 사회적 권력 관계 속에서 끊임없이 대상화되고 배제당하고 심지어는 혐오와 폭력에 노출되는 것은 존엄망각에 빠지기 때문임을 이야기해 왔다. 존엄망각을 극복하고 존엄에 더 가까이 나아가기 위해서는 자신의 주관적 경험과 판단에 상대를 가두지 않고, 상대를 감히 범할 수 없는 존엄한 인간으로 받아들이고 맞아들이는 환대의 태도가 필요하다.

환대란 '상대를 반갑게 맞아 정성껏 후하게 대접함'인데, 이러한 환대의 사전적 의미로는 감히 범할 수 없는 존엄한 인간을 환대하기 위해 반갑게 맞아 대접할 수 있도록 대상화 시켜야 한다는 한계에 갇히고 만다. 소중하게 생각하는 한 사람 혹은 소수 혹은 다수의 한정된 사람을 사전적 의미로 환대할 수는 있지만, 우주를 환대한다는 것은 논리적으로 합당하게 보이지 않는다. 따라서 우리는 환대의 사전 의미 이상의 다른 의미를 캐물을 필요가 있다. 환대의 그리스어인 '제니아zenia'는 감히 범할 수 없는 존엄과 무한의 의미를 갖는 존엄을 환대할 수 있는 가능성을 보여준다.

데리다Jacques Derrida(1932~2004)[24]와 레비나스[25]가 말한 '제니아zenia'로서 환대의 의미를 우리는 다음과 같이 네 가지로 정리해 볼 수 있다.

① 제니아로서 환대의 첫 번째 의미는 '주인이 손님을 맞아들이다.', '오는 사람을 맞아 안으로 인도하다', '예의를 갖추어 모임의 일원으로 받아들이다', '다른 사람의 요구 등을 들어주다', '어떤 사실 등을 인정하고 용납하거나 이해하고 수용하다', '다른 사람의 의견

이나 비판 등을 찬성해 옳다고 인정하다', '다른 어떤 것을 받아서 자기 것으로 되게 하다.'와 같은 일련의 의미를 갖고 있다. 우리가 관습적으로 이해하고 있는 환대의 의미다.

② 제니아로서 환대의 두 번째 의미는 '주인인 내가 손님의 위치에 서다.'와 같이 환대를 수행하는 주체로서의 주인과 환대를 대접받는 대상으로서 손님의 위치가 고정되어 있는 것이 아니라 환대의 공여자인 주인과 환대의 수여자인 손님의 역할이 상호교환된다는 의미를 담고 있다. 이러한 맥락에서 환대는 내가 수행하는 주체적인 행위이기도 하지만, 상대가 나를 환대할 수 있도록 나를 손님의 자리에 위치 지우는 행위이기도 하다. 타자가 주인으로서 나를 손님으로 환대할 수 있도록 하는 관계 맺음이, 제니아로서 환대의 두 번째 의미에 담겨 있는 것이다.

③ 제니아로서 환대의 세 번째 의미는 '선물로서의 환대, 환대를 선물하는 타자'다. 이 말은 환대를 수행하는 주체가 내가 아니라, 사실상 환대를 받는 상대

존엄에 대한 생각

가 나에게 환대를 할 수 있도록 선물했다는 의미다. 즉 내가 주인이자 주체로서 타자를 손님으로 환대한다는 것은 손님인 타자가 나에게 환대를 할 수 있도록 환대를 선물하고 있기에 가능한 것이다. 나 자신이 주체적으로 타자를 환대한다고 생각하지만, 실상은 손님인 타자가 나로 하여금 자신을 환대할 수 있도록 '환대'를 선물한 것이다. 이러한 의미에서 환대는 언제나 손님인 타자로부터 주어지는 선물이다. 선물로서의 환대란 '주체의 주도적인 행위'라기 보다는 '환대받을 타자의 권리를 인정'하는 것이라는 점에서 '수동적인 행위'라고 볼 수 있다. 이러한 환대의 의미에서 음식, 옷, 머무를 수 있는 공간 등에 대해 낯선 사람인 타자는 그러한 환대를 선물로 받을 권리를 가지고 있음을 인정하는 것이다. 세 번째 의미로서 환대란 '주체의 자기권리의 인정'이며, '타자의 권리인정'이라는 점에서 악셀 호네트Axel Honneth(1949~)가 말한 상호인정의 투쟁처럼 '상호권리인정'의 과정이라고 할 수 있다.[26]

④ 제니아로서 환대의 네 번째 의미는 '낯선 이로서 타자를 무한으로 환대하기, 당위적인 환대'다. 환대의 관계 속에서 만나는 타자는 그동안 나와 관계를 맺고 있는 친밀한 사회적 관계망속의 타자가 아니라, 전에 본 기억이 없어 익숙하지 않은 낯선 이로서 나와 관계가 거의 없는 타자일 수 있다. 이러한 '낯선 이'는 마치 다른 나라에서 온 '이방인'과 같다. 그렇기에 환대란 언제나 항상 'n개의 차이를 환대'하는 것이며, 타자를 무한으로 환대하는 것이다. 내가 받아들일 수 있는 사람만을 맞이하는 것으로 환대를 이해해서는 온전한 의미의 환대를 실천하지 못하는 것이다. 환대란 'n개의 차이를 환대'하는 것이며, 당위적이며, 무조건적으로 받아들임이다. '차이의 환대'는 두렵고 떨림으로 이루어지며, 머리로만이 아니라, 손과 발만으로가 아니라, 온몸으로 행하는 자기실천이라고 할 수 있다. 네 번째 제니아로서 환대의 의미를 잘 보여 주는 사례가 병원 응급실이다. 예를 들어 평소에 평화주의를 추구하며, 폭력을 혐오하는 외과 의사가 있다고 생각해 보

존엄에 대한 생각

자. 그는 특히 가정폭력을 더욱 혐오하고 있다. 그런데 어느 날 한 남성이 배가 칼에 찔려 출혈이 심한 상태로 응급실에 실려 왔다. 아내에게 폭력을 행사하던 중 아내가 정당방위 차원에서 찌른 칼에 배에 상처를 입고 응급실에 실려 온 것이다. 이때 외과 의사는 어떻게 반응하는 것이 병원의 의사로서 합당한 행위인가? 특히 응급실 의사로서 말이다. 아마 의사는 자신의 평소 평화주의 신념과 가정폭력을 혐오하는 개인적인 신념은 잠시 괄호 안에 넣은 뒤에 칼에 찔려서 출혈이 심한 상태로 생명의 위험을 느끼는 환자를 정성껏 치료할 것이다. 그리고 더 나아가 수술한 이후 환자가 건강을 회복할 수 있도록 술과 담배를 금지하도록 요청을 할 것이다. 그런데 만약 환자가 의사의 조언을 무시하고 술과 담배를 몰래 하고, 그것이 발각되더라도 의사는 환자에 대한 치료를 거부하지 않을 것이다. 아니 거부하지 못할 것이다. 의사는 안타까운 마음은 갖겠지만, 여전히 환자가 건강하게 회복할 수 있도록 최선을 다해 정성껏 치료하면서 여전히 환

자에게 치료를 받는 동안 술과 담배를 금지하도록 다시 한번 정중하게 요청할 것이다.

제니아로서 환대의 네 번째 의미를 잘 보여 주는 사례다. 물론, 우리 모두가 응급실의 의사처럼 그렇게 절대적이고 무조건적이며 당위적인 환대를 하기는 쉽지 않을 것이다. 그러나 여기에서 우리가 생각하고자 하는 것은 환대를 한다는 것의 본래적이고 내재적인 의미, 본질적인 의미다. 특히 네 번째 환대의 의미가 감히 범할 수 없는 무한으로서 존엄한 인간에 대한 환대를 가능하게 하는 근거가 될 것이다. 실천이란 생각한 바를 실제로 행하는 것이기에, 환대의 이러한 네 번째 의미를 생각할 수 있다면, 우리는 아마도 기존과는 근본적으로 다른 환대의 실천을 실행할 수 있는 힘을 드러낼 수 있을 것이다.

그런데, 내가 당위위적으로 환대해야 할 타자는 정말 신뢰할 만한 존재인가? 혹여나 상대가 이러한 환대의 의미를 오히려 악용해 나를 조정하고 이용하고 심지어는 지배하려 할 경우 나는 어떻게 해야 하는

존엄에 대한 생각

가? 그 경우에도 내가 상대를 당위적으로 받아들이고 환대하는 것이 타당한가?

환대한다는 이유로 상대에게 예속된 주체가 되지 않으며, 상대에게 식민화되지도 않으면서 존엄한 환대의 주체가 되기 위한 실존적인 과제가 분명 우리 앞에 놓여 있다. 존엄한 환대의 주체 되기는 일면적으로 혹은 다면적으로가 아니라 전면적으로 내면화된 존재역량이 요구된다. 그러나 이러한 존재역량으로서 주체의 역량은 단지 홀로된 자기수양에 의한 자기실천과 자기책임짐에 의해서만이 아니라 더불어 함께하는 동료시민들과 공동책임짐으로서 협력적 극복을 통합하는 과정이 요구된다.

그렇기에 존엄한 환대란 내가 할 수 있는 최선을 다한 친절과 공손함과 예의 바름으로 대접하는 것이 아니라, 차마 감당할 수 없어 보이는 동료시민조차도 '감히 범할 수 없는 무한한 존엄'으로 당위적으로 받아들이고 관계 맺는 실천이다. 이러한 당위적 존엄을 위해 우리들에게 요구되는 존재 역량으로서 자기실천

역량과 협력적 실천 역량이 무엇이며, 어떻게 회복하고 강화할 수 있을지에 대해 좀 더 깨물음을 해야 할 것이다.

> "본래적인 자기 자신으로 존재하는 것은 그것이
> 더 가치 있고 의미 있기 때문이 아니라, 본래적인
> 자기 자신으로 존재하는 것이 자연스러운
> 존재방식이기 때문이다."

8장

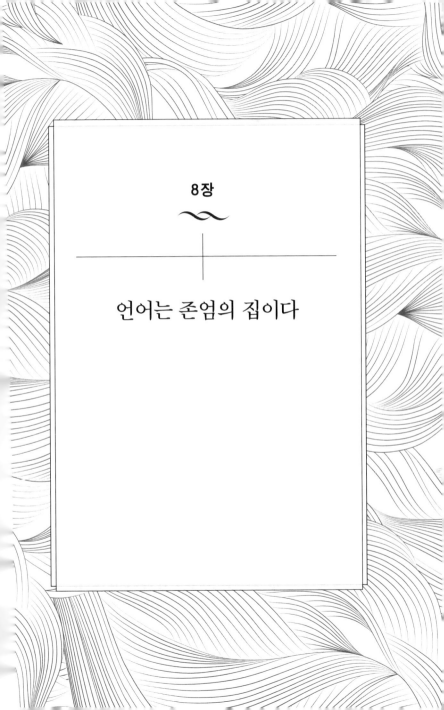

언어는 존엄의 집이다

존엄한 인간인 우리가 자기 자신을 비롯해서 동료시민들과 함께하기 위해서 소통을 한다. 그 대화는 언어적으로 매개되어 있다. 그리고 우리가 동료시민과 소통을 한다는 것은 상호이해를 얻기 위함이다. 때로는 나의 생각을 전달하거나, 상대를 나의 생각에 동의하도록 설득하기도 하지만, 우리가 언어를 통해 소통을 한다는 것은 상호이해를 지향하고 있다. 인간을 '언어적 동물'로 설명한 아리스토텔레스Aristotle(기원전 384~322)의 관점을 넘어 하버마스Jürgen Habermas(1929~)는 '상호이해'를 존엄한 인간들 사이의 언어적으로 매개된 소통이 추구하는 목적일 뿐만 아니라 언어적 소

존엄에 대한 생각

통 자체내에 구조화되어 있는 것으로 말하고 있다. 즉, 우리는 의도적이든 비의도적이든 누군가와 소통을 한다는 할 때 상호이해를 지향할 뿐만 아니라, 상호이해가 이루어지지 않는다면 소통을 했다고 말할 수 없다는 것이다. 철학적 단정으로 이해될 수 있지만, 우리는 하버마스의 이러한 언어관에 충분히 공감할 수 있다.

정보를 전달하고 공유하는 기능적인 관점으로 인간의 언어를 설명하기도 하지만, 우리는 존엄한 인간의 관점에서 그 무엇으로도 감히 범할 수 없는 존엄한 인간들이 더불어 함께 협력하는 사회를 형성하고, 조직을 형성하고, 가족을 이루기 위해 언어적 소통을 반드시 필요로 한다는 것을 보편적 근거로 받아들일 수 있다. 따라서 우리 자신을 존엄한 인간으로 이해하고 동료시민을 존엄한 인간으로 존중한다는 것은 우리의 시선과 태도, 행동뿐만 아니라 우리의 일상언어를 통해서 드러나야만 한다. 그래서 우리는 언어를 '인간 존엄의 집'이라고 이야기하고자 한다. 하이데거는 언어는 존재의 집이라고 하면서, 존재자체가 존재자인 인간을 통해 자신의 존재의미를 밝히 드러내 보일 때마다 언어를 매개로 삼는다고 보았는데, 우리는 '언어는 존엄의 집'이라고 말하고자 한다.

따라서 자기 존엄을 인식하고 동료시민의 존엄을 존중하고자 하는 존엄한 인간인 존엄자들은 사회적 관계 속에서 자신의 일상언어가 존엄을 망각하고 있는 것은 아닌지, 존엄을 침해하고 있는 것은 아닌지에 대해 그때그때마다 깊은 캐물음을 수행해야 한다.

예를 들어, 전국의 많은 복지기관들에서 '무료급식' 사업을 하고 있다. 생존권의 맥락에서 한끼 식사를 정성껏 할 수 있도록 비용을 받지 않고 식사를 제공한다는 것은 대단히 중요한 의미를 가진 복지행위다. 그런데, 곰곰이 캐물어 보면 전국의 모든 가정이 사실상 무료급식소가 아닌가? 대한민국의 어떤 가정에서 양육자들이 자신들의 아이들에게 식사를 제공하면서 밥값을 받고 있는가? 기숙사나 하숙집, 식당이 아니라면 가족들이 식사하는 장소에서 매 끼니마다 밥값을 받지는 않을 것이다. 그렇다면, 우리의 모든 가정을 무료급식소라고 부르는 것이 정당하지 않은가? 이러한 물음이 당혹스럽고 어처구니없을 수 있다. 따라서 우리는 '무료급식'이라는 용어가 얼마나 존엄을 망각하고, 존엄을 침해할 수 있을지에 대해서 충분히 생각해 봐야 한다. 우리의 일상언어를 통해 존엄을 망각하지 않도록, 비의도적이라도 존엄을 침해하지 않도록 더 깊은 캐물음이 요구된다고 할 수 있다. 아울러 언어를 사용한다는 것은 상호이해지향 소통으로 함께하는 것뿐만 아니라 존엄한 인간인 존엄자가 자신의 존재방식 전부를 드러내 보여 주는 삶의 총체와 연결되어 있다. 생각, 감정, 태도, 지향, 가치, 신념 등 우리는 자신의 언어를 통해 자신이 살아온, 그리고 살아가고 있는 삶의 총체의 한 부분을 표현하는 것이다.

주디스 버틀러Judith Butler(1956~)[27]와 오드리 로드Audre Lorde(1934~1992)[28]가 지적하듯이 우리가 당연하게 사용하는 언어체계는 이미 가부장적이고 위계적으로 구조화되어 있기에, 우리 자신과 동료시민들을 존엄망각에 가두고 있음을 인식할 필요가 있다. 따라서 우리가 아무리 긴장하고 깨어 있으려 노력해도 우리를 구조화된 편견에 가두는 존엄망각 언어체계를 극복하는 것이 만만치 않다는 것을 이해할 필요가 있다. 이러한 문제인식이 철저하게 받아들여지고 내면화될 때, 비로소 존엄망각에 가두는 언어체계에 균열을 내고 전복시킬 수 있는 가능성을 열 수 있을 것이다. 그렇기에 '언어는 존엄의 집'이라는 실천적 패러다임을 의식하고 인식할 때, 존엄 자체를 분유한 존엄한 인간인 우리들이 존엄망각을 극복할 수 있는 실천적 영감을 얻을 수 있을 것이다.

존엄에 대한 생각

9장

존엄의 일의성

존엄은 보편중력처럼 언제나 항상 보편존엄이다. 중력이 미치는 영향력의 범위에는 예외가 존재하지 않는다. 1층에 있는 사람에게 미치는 중력의 강도에 비해 100층에 있는 사람에게 미치는 중력의 강도가 더 크다는 점에서 중력의 강도에는 차이가 있을지 모르지만, 우리 모든 인간은 중력의 영향 아래 있다는 점에서 중력은 보편적인 영향력을 발휘하고 있다. 그렇기에 중력은 언제나 항상 보편중력이다. 보편중력의 예를 통해서 우리가 존엄 자체를 분유한 존엄한 인간이라는 사실을 보편존엄의 관점에서 이해할 수 있을 것이다. 인간인 우리가 존엄하다는 것, 우리 모두는 어

존엄에 대한 생각

떠한 이유와 조건에 상관없이 그 무엇으로도 감히 범할 수 없는 존엄한 인간이라는 사실은 보편중력처럼 예외 없이 항상 그러하며 당위적으로 그러하다. 인간 존엄은 보편존엄의 관점에서 당위적으로 존중하는 것이다. 존엄한 우리는 언제나 항상 어느 곳에서나 존엄한 인간으로 존재한다. 이것을 우리는 존엄의 일의성이라는 개념으로 이야기할 수 있다.

일의성一意性, univocity은 철학적인 개념이어서 다소 낯설 수 있는데, 다의성이라는 개념과 비교해서 이해할 수 있다.

다의성多義性, equivocality이란 현존하는 주체들의 다양한 차이들은 그 자체로 동등한 의미를 가지고 있다는 개념이다. 반면 일의성이란 현존하는 주체들의 다양한 역할과 권한의 차이에도 불구하고 그 모든 차이를 넘어 본질적으로 하나의 동등한 의미를 내재하고 있음을 이야기한다. 따라서 존엄의 일의성이란 존엄 자체를 분유한 존엄자인 인간은 자신이 처한 그 어떠한 상황과 맥락에도 불구하고 그 무엇으로도 감히 범할 수 없는 존엄한 인간이라는 하나의 동등한 의미를 가지고 있음을 말한다. 현실 속에서 관계 맺고 있는 존엄자의 존재방식은 다양성과 차이를 갖고 있지만, 우리는 모두 존엄자체를 분유하고 있는 존엄자라는 점에서 하나의 동등한 의미를 가지고 있는 존엄자다. 이것이 존엄의 일의성이 말하는 본래적이고 실천적인 의미다.

존엄에 대한 생각

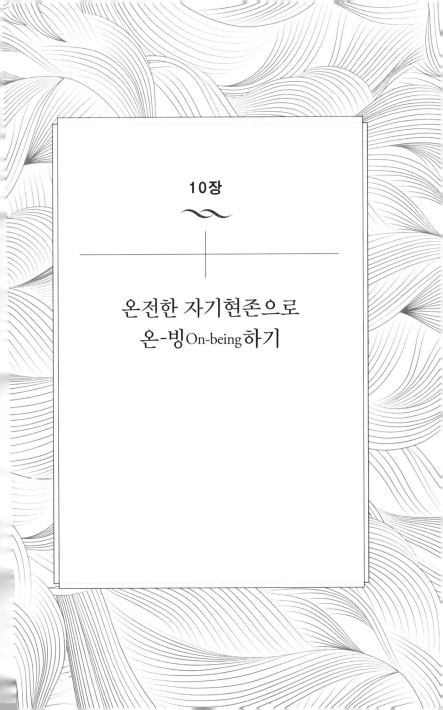

10장

온전한 자기현존으로
온-빙On-being 하기

존엄 자체를 분유한 존엄자로서 존엄한 인간의 존
재방식은 건축의 과정보다는 자기 자신을 조각하는
삶의 과정과 유사하다. 피에르 아도Pierre Hadot(1922~
2010)는 철학이란 실천이며, 철학함이란 실천의 힘을
드러내는 것임을 강조한 바 있다.

"만약 아직까지 그대 자신의 아름다움을 보지 못했다면 아름
답게 되어야 할 조각상을 새기는 조각가처럼 행하기 바랍니다.
그대는 자신의 조각상에 아름다운 얼굴이 나타날 때까지 이 부
분을 깎아 내고 저 부분을 갈아 내며 어떤 부분은 매끈하게 하
고 어떤 부분은 깨끗하게 한다. 그대도 이와 마찬가지로 넘치는

것은 모두 제하고 굽은 것은 곧게 하고 어두운 것은 밝아지도록 정화하여 덕의 신성한 빛이 그대 안에서 발할 때까지 그대 자신의 조각상을 쉬지 말고 조각해 나아가야 합니다."**29**

마틴 셀리그만Martin Seligman(1942~)이 쓴 『긍정심리학』**30**의 본래 제목은 『Authentic Happiness』, 즉 '진정한 행복'이다. 셀리그만은 사람들이 원하는 것은 단순히 약점을 보완하는 데 온 일생을 바치는 것이 아니며, 우리들이 보다 궁극적으로 바라는 것은 사는 동안 진정으로 의미 있고 충만한 삶을 사는 것이라고 말하고 있다. 진정한 행복은 개인의 강점을 파악하고 계발해 일, 사랑, 자녀 양육, 여가 활동이라는 삶의 현장에서 활용함으로써 실현된다는 것이다. 긍정정서는 우리의 지적·신체적·사회적 자산을 지속적으로 확충하고 형성해 위기에 처할 때와 기회가 있을 때마다 활용하게 한다. 긍정적 기분에 취해 있을 때 다른 사람들이 우리를 더 좋아하게 되고, 따라서 우정, 애정, 유대감이 돈독해질 가능성이 아주 높아진다는 것이다.

셀리그만은 진정한 행복을 경험하기 위해서는 자신의 강점에 집중하고, 강점을 강화하라고 제안하고 있다. 즉 자신의 대표 강점을 확인하는 것이 중요하다는 것이다. 아울러 자신의 대표 강점을 날마다 발휘할 수 있는 직업을 선택하고, 자신의 대표 강점을 더욱 많이 활용할 수 있도록 평생 재교육을 받아야 하며, 자신이 고용주라면 업무에 걸맞은 대표 강점을 지닌 직원을 채용하고, 업무에 지장이 없는 한 직원들 각자가 자신의 강점을 강화할 수 있는 재교육을 받을 수 있는 기회를 제공해야 한다고 제안하고 있다.

셀리그만은 강점기반의 삶을 통해 우리는 삶의 진정한 의미와 목적을 경험할 수 있게 되고 이것이 진정한 행복의 비결이라고 이야기하고 있다. 그런데, 셀리그만이 '진정한 행복'이라고 표현한 'authentic happiness'는 아리스토텔레스가 사용했던 '에우다이모니아eudaimonia'의 번역어다. 우리는 진정한 자기 삶의 의미와 목적을 경험하고 진정한 행복을 향유하는 삶으로서 소개한 '에우다이모니아'의 본래적인 의미에

존엄에 대한 생각

대해 한 걸음 더 들어가서 생각해 볼 필요가 있다. 에우다이모니아는 통상적으로 '행복'으로 번역되지만, 행복 이상의 의미를 갖고 있다. 에우다이모니아는 본래적인 자기 자신으로 온전하게 현존하는 것을 이야기하는 개념이다. 우리는 이 책에서 '에우다이모니아'를 '온전한 자기현존의 삶'이라는 의미로 소개하고자 한다. 왜 우리가 '에우다이모니아'를 진정한 행복으로 번역하는 통상적인 흐름을 따르지 않고 탈코드화해서 다르게 그 의미를 번역하는지에 대해서는 조금 긴 이야기가 필요하다.

에우다이모니아는 'Well-Doing'을 의미하는 '에우eu'와 '온-빙On-Being'을 의미하는 '다이모니아daimonia'의 결합어다. 우선 '에우'라는 용어는 주어진 어떤 역할이나 임무를 탁월하게 잘 수행했음을 의미한다. 가정에서든, 학교에서든, 조직에서든, 지역사회에서든, 혹은 국가의 경계를 넘어서는 지구적인 차원에서든 자신이 마땅히 감당해야 할 어떤 역할이나 임무를 간신히 버티거나, 그저 무사히 해치우는 것을 넘어서 자기 자신과 그 일에 관계되었던 사람들이 훌륭하게 잘해 냈다고, 탁월하게 수행했다고 인정할 수 있을 때 우리는 '에우'했다고 말할 수 있다. 우리의 일상에서 삶의 행복을 경험하기 위해서는 자신이 맡은 크고 작은 일에서 성취감을 얻을 때 일 것이다. 결과로서 인정받든, 관계 속에서 인정받든 우리는 'Well-Doing'으로 '에우'한 경험을 할 때 행복감을 느끼게 될 것이다. 그런데, 정말 우리가 '에우'해야 할 것은 무엇이라고 생각하는가? 단지 내가 의무와 책임을 맡은 일을 탁월하게 잘해 내면 되는 것인가? 그럼, 행복한 것인가? 반드시 그렇지 않을 수 있다는 것을 우리는 다음의 이야기를 통해서 알 수 있다.

예를 들어 평생 사과 농사를 자신의 운명적인 삶의 몫으로 받아들이고 열심히 살아온 사과 농장의 농부가 있다고 생각해 보자. 그 농부는 수백 년 동안 가업을 이어서 사과 농사를 해 온 사람이다. 물론, 자신의 자녀들도 사과 농사를 하도록 이미 약속을 받아 놓은 상태다. 평생을 사과 농사를 해 온 이 농부는 자신의 사과가 다른 어떤 사과에 비해서 더 맛이 있다는 것에 대해 자부심을 갖고 있다. 대량 생산을 위해 농약을 뿌리지 않은 채 자연과 인간의 유기적이고 생태적인 공존을 위해 한땀 한땀 수고하며 사과 농사를 해 오고 있다. 어떤 때는 벌레먹은 사과가 잘 팔리지 않아서 어렵기는 해도, 농부는 자연이 그대로 준 생명의 먹거리로서 사과를 재배하는 것을 자기 몫의 삶인 운명으로 받아들이고 있다. 게다가 사과 농부가 재배한 사과는 시장에서 언제나 항상 최상급으로 평가받아 오고 있다. 즉 자신이 수고해 얻은 열매인 '사과'의 맛이 일품이라는 점에서 사과 농부의 삶은 '에우eu: well-doing'하다고 말할 수 있을 것이다. 그런데, 어느 날 사과 농부는 자신과 함께 협력하고 있는 동료시민들을 초대해서 맛있는 사과로 환대하고자 마음을 먹었다. 그리고 자신의 사과 농장으로 동료시민들을 초대했다. 동료시민들이 방문하기로 한 전날 저녁, 마음을 담아 정성껏 대접하기 위해 준비한 사과를 먹어 보게 되었다. 그런데, 웬일인지 사과가 맛이 없어

도 너무 없는 것이었다. 아니 맛이 그저 그렇게 밋밋
하기도 하고, 또 어떤 사과는 씁씁한 맛이 나기도 하
면서 이 상태로 초대한 동료시민들에게 사과를 내놓
는 것이 도저히 예의가 아니라는 생각에 고민이 깊어
졌다. 그러나 다행히 여기 저기 수소문을 한 끝에 밤
늦게나마 다른 마을에서 사과 농사를 하는 농부로
부터 정말 맛있는 사과를 구할 수 있었다. 사과 안
에 꿀이 배어 있는 것처럼 생생한 것이 맛이 일품이었
다. 그래서 다음 날 다행이라는 마음으로 자신의 사
과 농장을 방문한 동료시민들에게 옆 마을에서 공수
해 온 사과를 대접했다. 동료시민들은 이미 오래전부
터 사과 농부로부터 자신의 사과가 얼마나 맛이 있는
지 이야기를 익히 들어 왔고, 또 실제로 사과 맛이 근
사한 탓에 사과 농부에게 칭찬과 인정을 늘어놓기 시
작했다. '정말 내 인생 최고의 사과 맛입니다', '영혼
을 힐링 시켜 주는 사과 맛입니다', '정말 둘이 먹다
한 사람이 죽어도 모를 정도의 맛입니다'라는 찬사
를 해 준 것이다. 과분한 칭찬과 찬사의 인정을 받은

존엄에 대한 생각

그날 밤 침대에 누운 사과 농부의 마음은 왠지 아쉽고 허전함으로 공허하기만 했다. 왜 그런 것일가? 분명 사과 농부 자신이 정성껏 준비한 사과가 맛있었으며, 사과 맛을 경험한 사람들에게 최고의 칭찬과 인정을 받지 않았는가? 어떻게 보면 정말 자신이 맡은 역할과 임무를 아주 탁월하게 잘 감당한 것이 아니었는가? 그런데, 왜 사과 농부는 충만한 행복감을 경험하기보다는 자기결핍과 자기궁핍의 공허함을 느끼게 되었는가? 그것은 아마 여러분들도 충분히 짐작할 수 있을 것이다. 그것이 바로 우리가 이 책에서 에우다이모니아를 진정한 행복으로 번역하지 않고 '온전한 자기현존의 삶'으로 번역한 이유다.

우리가 '에우'해야 하는 것은 그저 나에게 주어진 역할 혹은 내가 소중하게 생각하면서 선택하고 결정한 임무만이 아니다. 그것만으로는 에우다이모니아의 온전한 의미를 충분히 이해하는 데 한계가 있을 것이다. 우리가 정말 '에우'해야 하는 것은 나에게 맡겨진 모든 역할, 내가 마땅히 감당해야 할 모든 의무와 책임을 잘 수행하는 것을 넘어서, 바로 존엄한 인간으로서 본래적인 자기 자신으로 존재하는 '온-빙On-Being'을 '에우'해야 하는 것이다.

앞에서 소개했던 사과 농부의 사례를 다시 연결해 보자. 사과 농부는 자신이 정성껏 준비해서 대접한 사과를 먹은 사람들의 칭찬과 인정에 고맙고 감사하기는 했지만, 그러나 내면적으로는 공허함을 느낄 수 있다고 했다. 그것은 무엇보다 자신의 땀과 수고로 자신의 노력으로 수확한 자기 자신의 사과가 아니었기 때문에 그런 한계를 느꼈던 것이다. 그러나 만약 자기 자신의 땀과 노력으로 재배한 자신의 농장에서 얻은 열매로서 사과를 제공하고, 바로 그 사과를 먹은 뒤 사람들이 칭찬과 인정, 찬사를 보냈다면 아마 그날밤 엄청난 성취감과 충만한 행복감을 경험할 수 있었을 것이다. 따라서 에우다이모니아에서 중요한 맥락은 남과 비교해서 혹은 경쟁의 관점에서 무언가를 탁월하게 잘 수행하는 것을 넘어서 본래적인 자기 자신의 삶으로서 온-빙을 잘 살아 내고 있는 것인지

　　　　　　　　　　　존엄에 대한 생각

가 중요하다는 것을 알 수 있다. 그리고 패턴화되지 않는 삶으로서 고유성과 특이성의 삶인 온-빙은 존엄한 인간이라는 보편성 속에 위치한다. 온-빙과 존엄한 인간은 공명하는 관계 속에서 존재한다.

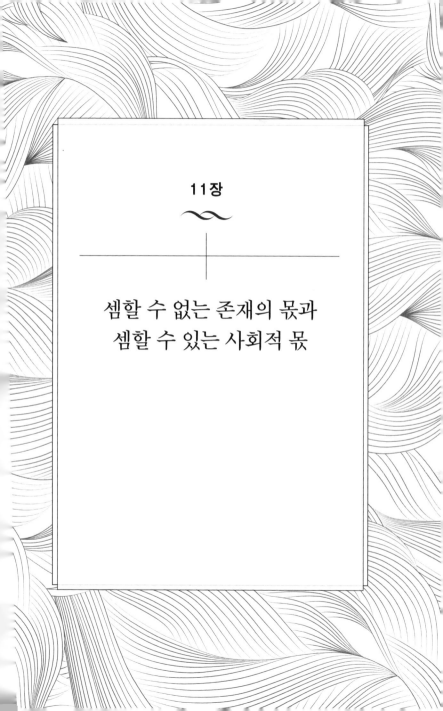

11장

셈할 수 없는 존재의 몫과
셈할 수 있는 사회적 몫

존엄한 인간인 우리 모두는 '온전한 자기현존의 삶'으로서 온-빙하는 삶을 위해 자신의 고유성과 특이성이 드러난 자기 몫의 삶을 잘 살아야 한다. 우리 삶이란 때로는 생존전략으로 하루하루를 힘겹게 버티며 살아가기도 하며, 지금 여기에서의 삶과 일터가 고통스럽고 자신의 영혼을 좀비가 되게 하지 않으면 하루하루를 살아 내기 힘든 환경 속에서도 미래에 대한 희망과 성장에 대한 기대를 가지고 미래전략으로 하루하루를 견뎌 내기도 한다. 그러나 자기 몫의 삶은 그렇게 생존전략이나 미래전략으로 버티고 살아 내는 것을 넘어서, 온전한 자기 몫의 삶을 잘 사는 것을 본래성으로 언제나 항상 열망하고 있다.

자기 몫의 삶이란 무엇을 말하는 것인가? 내가 원하는 삶을 사는 것, 내가 보람을 느끼고 만족을 경험하는 삶인가? 사람들이 훌륭한 사람이라고 칭찬하고 인정하는 삶인가? 자기 몫의 삶을 통해 우리가 말하고자 하는 것은 무엇인가? '몫'은 고대 그리스어로 '모이라moira'라는 개념에 기원을 두고 있다. 인간에게는 3가지 모이라로서 몫이 주어진다고 한다. 첫 번째 모이라는 '탄생의 몫'이다. 두 번째 모이라는 '생명의 몫'이다. 그리고 마지막 모이라는 '죽음의 몫'이다. 이처럼 모든 인간에게는 3가지 모이라의 몫이 주어지는데, 탄생과 죽음은 모든 인간들이 피할 수 없는 공통인 모이라의 몫이라면, 두 번째 모이라인 '생명의 몫'은 각자가 자기 삶을 어떻게 생각하면서 살아가는지, 어떤 선택과 결정으로 자신의 삶을 채워가는지에 따라서 달라질 수 있다. 따라서 모이라의 몫은 우리 삶에 필연적이고 결정론적인 의미를 주면서 동시에 우연성과 가변성의 의미를 주고 있다.

나는 지난 한 달간 일터에서 어떤 몫을 얻었는가? 내가 얻은 몫은 내가 마땅히 받을 만한 몫이었는가? 나의 몫은 정당하다고 생각하는가? 아니면 내가 받을 몫 이상을 받았다고 생각하는가? 아니면 내가 마땅히 받을 몫으로부터 소외되었다고 생각하는가? 우리가 일터에서 마땅히 얻어야 할 몫을 얻지 못한다면, 우리는 지속적으로 일을 할 수 없을 것이다. 존엄한 인간으로서 존엄자인 우리 자신은 날마다 되풀이되는 그러나 차이를 만드는 일상 속에서 바로 '생명의 몫'인 모이라를 향유하고 있다. 존엄한 인간으로 온-빙하는 삶을 위해 '몫'의 문제는 본질적인 의미라고 할 수 있다.

우리는 생명의 몫인 자기 몫을 두 가지로 구별해서 이야기하고자 한다. 하나는 셈할 수 있는 사회적 몫이고, 다른 하나는 셈할 수 없는 존재의 몫이다. 탄생의 몫과 죽음의 몫 사이에서 우리가 향유하고 있는 생명의 몫은 바로 사회적 몫과 존재의 몫의 총합으로 구성되어 있다고 볼 수 있다. 사회적 몫은 셈할 수 있기 때문에 우리는 자신의 일터와 실천의 장에서 정기적으

존엄에 대한 생각

로 획득하거나 소유하거나 경험할 수 있다. 예를 들면, 학생들이 공부를 통해 얻는 점수, 운동 선수들이 경기를 통해 얻은 점수와 승리, 직장인들이 회사에서 얻는 성과와 급여, 마을활동가들이 지역사회에서 활동하면서 얻는 활동비, 종교지도자들이 받는 사례비 등 우리가 '생명의 몫'으로 정기적으로 향유하고 있는 사회적 몫이 있다. 셈할 수 있기 때문에 사회적 몫을 얼마나 얻고 있는지 확인할 수 있는데, 바로 이러한 특징 때문에 사람들은 자신의 생명의 몫을 향유하는 것을 단지 사회적 몫으로만 보는 한계에 갇히기도 한다.

그러나 우리가 어떤 일이나 활동을 지속적으로 힘 있게, 때로는 열정을 다해서, 또 때로는 영혼을 끌어모아서 무언가를 할 수 있는 것은 단지 셈할 수 있는 사회적 몫만을 얻기 위해서이거나, 더 많은 사회적 몫을 얻을 수 있기 때문만은 아니다. 예를 들어 'A'라는 사람이 IT 대기업에서 엄청난 연봉을 받던 것을 뒤로하고 귀농을 하겠다고 선택했을 때, 우리는 'A'가 귀농을 해서 기존보다 더 많은 사회적 몫을 얻을 수 있기 때문이라고 생각하지 않을 것이다. 'A'의 선택은 셈할 수 있는 사회적 몫의 관점에서는 도저히 이해되지도 납득되지도 않지만, 그러나 셈할 수 없는 존재의 몫의 관점에서 보면 'A'의 선택이 이해될 수 있다. 즉 'A'가 귀농을 선택한 이유는 셈할 수 있는 사회적 몫을 더 많이 소유하거나 성취하기 위해서라기보다는 셈할 수는 없지만, 자기 자신의 본래적인 삶을 살 수 있는 몫을 얻을 수 있다고 생각했기 때문이다. 즉 온전한 자기현존하는 삶에 힘이 될 수 있는 존재의 몫을 얻을 수 있다고 여겼기 때문이라고 이해할 수 있다. 이처럼 우리 주변의 많은 동료시민들은 자신의 생명의 몫으로서 셈할 수 있는 사회적 몫을 얻기 위해서도 노력하지만, 셈할 수 없는 존재의 몫을 얻기 위해서도 늘 깨어서 의식하고 있다는 것을 알 수 있다.

아울러 셈할 수 없는 존재의 몫의 사례로 우리는 다음과 같은 상황을 생각해 볼 수 있다. 예를 들어, 다른 사람이 나에게 행하는 긍정적인 판단과 평가에는 감사함으로 응답하고, 다른 사람이 나에게 행하는 부정적인 판단과 평가에는 '그냥 그러라고 그래, 나는 상관없어'라고 자기극복하는 경우다. 긍정적인 판단과 평가에 예속되지 않고, 부정적인 판단과 평가에 무너지지 않기 위해서는 '스스로 자기 자신의 본래적인 삶, 온-빙과 존재의 몫'을 잘 아는 게 중요하다. 매일매일의 일상 속에서 우리는 의식적으로든 무의식적으로든, 긍정적으로든 부정적으로든 끊임없이 누군가를 판단하며, 나 역시 다른 사람의 판단에 주목한다. 그러나 그 어떤 판단과 평가로도 감히 범할 수 없는 자기 존엄을 인식한다면, 그 순간이 바로 셈할 수 없는 존재의 몫을 향유하는 순간이라고 말할 수 있을 것이다.[31]

이처럼 존엄한 인간으로 본래적인 자기 자신으로 현존하는 삶으로서 온-빙을 위해서는 사회적 몫만이 아니라 셈할 수 없는 존재의 몫 또한 필수적이고 본질적인 몫을 일상 속에서 경험할 수 있어야 할 것이다. 사회적 몫은 어떤 맥락과 조건 속에서 나의 역할 수행에 따라 더 많이 얻을 수도 있고 못 얻을 수도 있다.

그러나 존재의 몫은 내가 살아 있는 한, 내 생의 마지막 순간까지 언제나 항상 정도의 차이는 있을지언정 얻을 수 있는 몫이라는 점에서 사회적 몫과는 분명한 차이가 있다. 그 누구도 감히 범할 수 없는 존엄이란 셈할 수 없는 존재의 몫과 깊은 맞울림으로서 공명의 관계를 맺고 있다고 할 수 있다. 셈할 수 없는 존재의 몫은 감히 범해지지 않을 것이다. 삶을 압도하는 너무도 고통스럽고 힘겨운 상황으로 인해 영향을 받을 수는 있겠지만, 셈할 수 없는 존재의 몫을 인식하고 존재의 몫에 대한 자기물음을 지속적으로 실천해 온 사람들은 외형적으로는 위태로운 삶에 처해 있다고 여겨질지는 모르지만, 자기존엄을 잃지 않고 존재할 수 있을 것이다. 이러한 삶의 방식을 살아갈 수 있다면, 단지 주관적인 정신승리의 관점이 아닌, 존엄한 인간이 무엇을 의미하는지 강렬하게 보여 줄 수 있을 것이다.

존엄에 대한 생각

12장

공동-내-존재로서
존엄한 인간의 존재방식

'내가 나로 존재하면서 동시에 동료시민 또한 더불어
각자 자기 자신으로 존재하는데 어떤 어려움과 걸림돌이 없는
침해와 억압, 지배가 없는 그런 사회 속에서 내가 나로 존재
하는 삶은 어떻게 가능한가?' 스스로 주체적으로 존재하면서
동시에 동료시민과 더불어 함께 존재하며, 또한 동료시민
역시 자기 자신으로 스스로 주체적으로 존재하도록 협력하며
사는 삶은 어떻게 가능한가?

존엄한 인간의 고유하고 본래적인 존재방식은 단수가
아니라 복수적이다. '사계절'의 봄은 언제나 항상 반드
시 '사계절'이라는 복수적 존재로서 공동존재 내에서
'봄'으로 존재할 수 있다. 봄은 복수적 단수존재이며,

단수적 복수존재다.

장 뤽 낭시Jean Luc Nancy(1940~2021)는 '공동-내-존재'로서 존엄한 인간은 동료시민들과 공동으로 함께 더불어서만 자기일 수 있는 복수적 단수이자 단수적 복수존재임을 강조한 바 있다[32]. 한나 아렌트Hannah Arendt(1906~1975)가 『인간의 조건』[33]에서 산다는 것은 사람들 사이에 존재하는 것이며, 죽는다라는 의미는 더 이상 사람들 사이에 존재하지 않음을 의미한다고 설명하고 있듯이, 존엄한 인간의 존재방식은 공동존재다. '더불어', '함께'는 존재자를 수식하는 의미가 아니라, 존엄한 인간의 본래적이고 고유한 존재방식을 의미한다.

'공동', '더불어', '함께'는 존재의 본질이다. 이러한 맥락에서 폴 리꾀르Paul Ricoeur(1913~2005)는 『타자로서 자기 자신』[34]에서 데카르트Rene Descartes(1596~1650)가 『방법서설』[35]에서 말한 "나는 존재한다ego sum"라는 경구를 '우리는 공동존재ego cum로 존재한다'로 변형되어야 한다고 말하고 있다. 존엄한 인간 존재의 본래적인 존재방식이 공동존재라는 것은 개인으로 시작해서 공동체로 나아간다는 의미가 아니다. 공동-내-존재로서만 본래적인 자기 자신으로 존재할 수 있음을 말하는 것이다[36]. 공동존재로서 자기존재임에도 각자의 고유성과 특이성이 소멸되거나 배제되지 않고 생생하게 살아 있으며 강렬하게 자기존재를 경험할 수 있다는 점에서 출동되거나 모순되지 않고 공존할 수 있다.

사계절이라는 공동존재는 '봄', '여름', '가을', '겨울'의 고유성과 특이성을 소멸하거나 배제하지 않는다. 각각의 고유성과 특이성이 온전하게 침해당하지 않고 생상하고 강렬하게 살아 숨쉴 때 사계절이라는 공동존재로서 복수적 단수, 단수적 복수는 그 본래적인 의미를 가질 수 있다. 사계절은 더 이상 나뉘어질 수 없는 하나인 단수다. 단수는 언제나 나뉘어질 수 없는 복수성을 자기 안에 내재하고 있다. 어떠한 경우에도 소멸되거나 파괴되지 않은 채 말이다. 사계절은 집합이나 전체가 아니다. 공동체나 사회도 아니다. 사계절은 단수명사다. 하나인 단수다. 사계절이 사계절로서 그 고유성과 특이성을 간직하는 한에서 사계절은 봄, 여름, 가을, 겨울이 온전하게 살아 있는, 즉 사계절 각각의 계절이 함께할 때에만 비로소 사계절이라는 복수적 단수로 존재할 수 있다.

존엄한 인간으로 존재한다는 의미와 복수적 단수인 공동존재로 존재한다는 것이 어떻게 공명하는지에 대해 사계절 공화국을 공동으로 함께 이루고 있는 각 계절을 동료시민으로 비유해서 이야기하고자 한다.

봄은 사계절 공화국의 시민이다. 사계절 공화국은 다른 나라에서 오는 사람들에 의해 나라를 운영하는 세계 최고의 관광국이다. 세계 시민들은 '사계절 공화국'을 최고의 관광국가로 인정하고 있다. 왜냐하면, 다른 나라들은 봄, 여름, 가을, 겨울 중 하나의 계절만을 경험할 수 있는데, '사계절 공화국'은 말 그대로 봄, 여름, 가을, 겨울을 모두 경험할 수 있기 때문이다. 이러한 사계절 공화국의 시민으로 살아가고 있는 봄은 자신이 세계 최고의 관광국에서 살고 있다는 것이 자랑스러우며, 행복한 하루하루를 살고 있는 계절이다. 따라서 봄은 사계절 공화국을 방문하는 더 많은 세계 시민들에게 기쁨을 경험할 수 있도록 자신의 계절인 봄이 사계절 공화국의 다른 어떤 계절보다 더 아름답고 차별화된 매력을 가질 수 있도록 많은 노력을 쏟고 있다. 그래서, 봄은 사계절 공화국의 조세제도, 복지정책, 교육정책이 봄에게 유리하도록 늘 신경을 쓰면서 노력하고 있다. 봄의 그런 노력 덕분에 사계절 공화국은 시간이 흐를수록 봄은 더욱더 푸르르고 아름다워지면서, 사계절 공화국을 방문한 세계 시민들에게 가장 인상 깊은 계절로 항상 선정되는 영광을 누리곤 했다. 세계 시민들은 사계절 공화국을 여행하면서, 여름, 가을, 겨울에 비해서 봄이 가장 아름답고 매력적이라고 경험하게 되었다. 얼마만큼의 세월이 흐른 후 안타깝게도 사계절 공화국엔 이제 봄만 남고, 여름, 가을, 겨울은 흔적을 찾아보기 힘들게 되었다. 그러나 봄은 여전히 계절로서는 전세계 어느 나라의 봄보다 더 아름답고 매력적이었다. 그런데, 어떻게 된 일인지 사계절 공화국을 관광하고자 하는 세계 시민들의 발걸음이 점차 줄어들게 되었다. 봄은 다른 나라에서 오는 관광객이 줄어드는 것을 안타깝게 생각하면서, 자신의 계절을 더욱 아름답고 매력적

존엄에 대한 생각

으로 가꾸기 위해 사계절 공화국의 모든 제도와 정책을 봄을 위해 더 집중되도록 노력을 기울였다. 그럼에도 불구하고 사계절 공화국을 찾는 세계 시민들은 한 사람도 없게 되었다. 사계절 공화국에 봄만 남게 되면서, 방문했던 관광객들이 사계절 공화국에 가 봤자, 여름, 가을, 겨울은 없고, 봄만 경험할 수 있다는 소문이 나면서 이제 전세계 시민 누구도 사계절 공화국을 방문하지 않게 된 것이다. 봄만 경험할 수 있는 사계절 공화국은 더 이상 한 계절만 존재하는 다른 나라와 차별화되지 않게 되었기 때문이다. 봄은 전세계 어떤 나라의 봄보다 아름답고 매력적이라고 자부심을 가졌지만, 그럼에도 사계절 공화국에 살고 있는 봄에게, 봄만 있는 사계절 공화국이란 더 이상 매력이 없다는 것을 미처 알지 못했던 것이다. '사계절'을 이루는 봄이었음에도 여름, 가을, 겨울이 어떻게 되든 신경쓰지 않고, 자신의 계절인 봄만을 챙겼던 자신의 열심과 선택이 어떤 참담함을 만들게 되었는지 봄은 아직 잘 모르고 있는 것 같다.

사계절 공화국 이야기를 통해 우리가 생각해 볼 수 있는 의미는 무엇인가? 계절로서 봄은 분명 여름, 가을, 겨울과 본래성의 측면에서 차이를 차이화하는 차이자체를 갖고 있다. 해마다 반복되는 봄이지만, 늘 새로운 봄으로 드러나기 때문이다. 그러나, 사계절로서 봄은 자신의 본래적인 차이를 온전하게 드러내기 위해서, 반드시 사계절의 다른 계절을 이루는 여름, 가을, 겨울이 온전하게 존재할 때에만 사계절을 이룰 수 있음을 이해할 수 있다. 공동존재로서 자기존재의 의미는 이웃 존재와 더불어 함께 공동으로 존재할 수 있을 때에서만이 비로소 자기존재도 가능하다는 것이다. 단순히 이웃 존재들과 더불어 함께 공동으로 잘 존재해야 한다는 것과는 다른 의미라고 할 수 있다[37]. 이 경우에는 힘들지만, 자기존재 스스로 홀로 고립되어 존재할 수 있는 가능성이 있지만, 공동존재로서 자기존재의 의미란, 이웃 존재들과 함께하지 않고서는 자신의 존재가능성이 불가능하다는 것을 하나의 사실로 받아들이는 것이다. 공동존재로서 자기존재를 하나의 이념이나 가치로 이야기하지 않고, 하나의 객관적인 사실로 받아들이자는 것 또한 하나의

존엄에 대한 생각

제안이고 생각의 방식일 수 있다. 그럼에도 내가 나로 존재한다는 것은 언제나 항상 사계절을 이루는 모든 계절들과 더불어 함께해서만 나일 수 있으며, 우리로서의 계절들 역시 하나의 계절을 이루는 나와 더불어 함께해서만 사계절일 수 있다고 생각한다. 존엄한 삶을 향유한다는 것은 자기존엄과 상호존엄이 공향하는 본래적인 조건위에서만 의미가 있다는 것을 말하고자 함이며, 자기존재는 공동존재로 존재할 때, 비로소 존엄한 인간으로서 존재의 품격, 공동존재의 품격을 경험할 수 있다고 믿기 때문이다. 우리가 믿음이라 표현하는 것은 그 무엇으로도 감히 범할 수 없는 존엄은 어떤 논리적이고 합리적인 논증으로 혹은 그 어떤 타당한 근거로도 규정할 수 없기 때문이다.

우리가 이 시대와 공동으로 공유하고 싶은 것은 나는 언제나 항상 우리로서의 나로, 우리는 언제나 항상 나와 더불어서만 우리일 수 있는 그런 우리로 존재하고 있다는 것을 공동의 근거로 받아들이자고 제안하는 것이다. 생명의 힘에 의해 날마다 되풀이되는 그러나 차이를 만드는 하루하루의 일상 속에서 우리 자신을 공동존재인 자기존재로 인식하고, 자신의 본래성과 고유성을 균형 있고 충만하게 현존하도록 돌보고, 자기변형을 통해 자기실천을 하는 동시에 공동의 실천으로서 협력적 실천을 수행하는 것이 자기 자신의 몫이자 공동의 몫임을 받아들이자는 것이다.

공동존재로서 존엄한 인간인 우리 자신과 동료시민들이 사회적 불안에 처해 있고, 불안정한 노동에 처해 있다는 것은 사회적 존재로서 공동존재의 불안이고 위기다. 그 사람을 가난하게 취급하는 것은, 곧 우리 자신을 가난하게 취급하는 것이다. 공동존재로서 우리는 더 나은 삶의 질을 위한다는 명분으로 낱낱의 개체로 개별화되어서도 안 되며, 존엄한 존재의 특이성과 고유성이 상실되고 박탈당한 채 한 무리의 '전체'로 집단화되어서도 안 된다. 우리는 복수적 공동존재로서 셈할 수 있는 수로 분리될 수 있는 개체가 아니다. 공동존재로 연결된 우리 각자는 어떠한 경우에도 개별화된 개체로 분리될 수 없는 고유성과

존엄에 대한 생각

특이성의 존재다.

우리가 사회적 존재로서 일터에서 당하는 노동의 소외, 사회적으로 배제당하는 사회적 소외, 관계적 소외는 엄밀하게는 '소외'당했다는 사건에 있는 것이 아니다. 혹은 소외당할 수 있다는 위험에 대한 불안에 있는 것이 아니라, 우리라는 공동존재로부터 분리될 수 없다는 것에 대한 무지로부터 발생하는 고통이고 위험이다. 우리의 공동존재성은 그 무엇으로도 감히 범할 수 없는 연대의 힘, 관계의 힘, 협동의 힘을 본래적으로 내재하고 있다. 우리가 존엄한 동료시민들과 함께한다는 것은 온전히 함께하는 것이다. 함께한다고 하면서 '촉진하고', '돕고', '지원하고', '제공하고', '이끄는' 일련의 행위방식은 매개적 주체화에 가두면서 비의도적인 대상화의 오류에 빠지게 할 수 있다. 탈매개적 주체화하는 과정에 함께하는 것만이 온전한 함께함의 본래적인 의미일 것이다. 이러한 맥락에서 함께함 그 자체는 우리가 온전히 경험하기 힘든 도래할 함께함이라고 할 수 있다. 우리는 다만 온전한 함께함 그 자체로 나아가는 과정 중에 있을 뿐이다. 존엄 자체를 분유한 존엄한 인간으로 존재한다는 것은 언제나 항상 본래적인 자기 자신으로 온-빙하는 삶을 향유하면서 동시적·병행적으로 동료시민들과 더불어 함께함으로 공향하는 복수적 공동존재로 존재한다는 것을 의미하는 것이다. 이것이 존엄한 인간의 고유하고 본래적인 존재방식이다.

PART 2

존엄한 삶을 위한
실천의 힘 전략

자기존엄의 힘,
타자의 존엄을 존중하는 힘상호존엄의 힘

1장

존엄한 삶을 위한 존재전략

고대의 철학자들은 자기존엄을 사는 사람들의 특징을 다음과 같이 설명하고 있다. (1) 본질적인 의미가 있는 일과 관계하며, (2) 마땅히 캐물을 만한 가치가 있는 일을 수행하며, (3) 탁월하게 수행할만한 가치가 있는 것에 관계하는 삶을 추구한다.[38]

우리는 고대 철학자들이 캐물었던 존엄한 삶의 실천적 지혜에 근거해서, 지금 여기에서 존엄한 삶을 향유하기 위해 사람들이 선택할 수 있는 세 가지 존재전략을 이야기하고자 한다. 하나는 효용전략이고, 다른 하나는 거부전략이며, 마지막으로 공향전략이다.

존엄에 대한 생각

(1) 효용전략

효용전략이란 존엄한 삶에 도움이 된다고 생각하는 것을 선택하는 전략이다. 자신의 존엄한 삶에 의미가 있다고 생각하는 것을 선택하고 즐기는 자기전략이다. 영화를 보고 음악을 듣고 사랑하는 사람들과 와인을 마시고, 여행을 가는 것과 같은 삶의 방식이 이러한 효용전략에 포함된다. 아울러 다른 사람들과의 공동체 생활과 협력도 효용전략에 포함된다. 한편으로 효용전략을 추구하는 사람들이 공유하는 중요한 삶의 태도란 경험적으로 확인할 수 있는 확고한 기반 위에 뿌리를 내렸을 때만 삶에 대한 안정성을 유지할 수 있다고 생각한다. 그렇기에 효용전략은 확실성과 명확성, 확장과 성취, 증대나 증식과 같은 의미와 짝을 이룬다. 또한 즐김과 누림, 향유와 같은 개념들과도 공명한다. 효용전략은 생존으로서 자기존재함과 동료시민들과 더불어 함께 각자의 삶을 존재하는 형식의 공존을 이야기한다.

⑵ 거부전략

반면 존엄한 삶을 위한 존재전략의 다른 모델로서 거부전략은 회피, 감소, 제거와 같은 거리두기 전략이다. 만나면 불편한 사람들과의 모임은 회피하는 경향이 있다. 아울러 맛없는 음식점은 가지 않고, 재미없는 영화는 보지 않는다. 또한 친절하지 않거나 청결하지 않은 호텔은 이용하지 않는 방식으로 피한다. 이것은 의도적인 외면일 수도 있으며, 비의도적인 외면일 수도 있다. 다른 한편으로 자신의 존엄한 삶을 위해 선택하는 존재전략으로서 거부전략에는 감소나 제거가 있다. 자신에게 더 이상 필요 없는 옷들은 기부하거나 중고시장에 판매하는 방식으로 감소하기도 하고, 또 더 이상 나의 삶에 효용가치가 없다고 여겨지는 물품들은 제거한다.

존엄에 대한 생각

⑶ **공향전략**

흥미로운 것은 거부전략을 선택함에도 자신이 회피하고 싶어하는 사람들 및 조직, 집단과 공존하는 것은 가능하다는 것이다. 공존은 각기 서로 다른 차이와 다양성을 인정하면서 존재하는 것이다. 존재한다는 것 자체에도 물론 의미가 있지만, 어떤 존재방식인가를 캐묻는다면, 그저 존재하는 것과 삶을 향유하면서 존재하는 것 사이에는 차이가 있다. 공존전략은 거부전략 속에서도 가능한 전략이다. 어쩌면 이것이 인간의 신비로운 존재방식일 수 있다. 내가 동의하지 않고 공명하지 않는 삶을 추구하는 사람들이나 집단과 공존할 수 있다는 것, 더군다나 갈등 없이 평화적으로 공존할 수 있다는 것은 분명 신비로운 일이 아닐 수 없다. 물론, 거부전략을 맺고 있는 사람들이나 집단과의 공존 속에서 표면적으로 드러나는 갈등과 대립은 없지만, 각자의 존재방식을 지속하면서 공존하기 위한 긴장은 요구되며 여기에는 또한 엄청난 에너지가 소요된다. 그러나 우리는 공존을 넘어 공향

共享[39]하는 삶을 이야기하고자 한다. 온전한 존재전략 이란 각자가 남에게 간섭과 지배를 당하지 않고 생존하는 삶의 공존을 넘어, 공존하는 가운데 협력적 소통과 공감, 협동과 관계망이 형성되는 공향하는 삶을 추구하는 것이다. 우리는 이 책에서 존엄한 삶을 향유한다는 것은 공존을 넘어 공향하는 삶과 공명하며, 그것이 존엄한 인간다운 삶에 적합하다는 것을 강조하고자 한다.

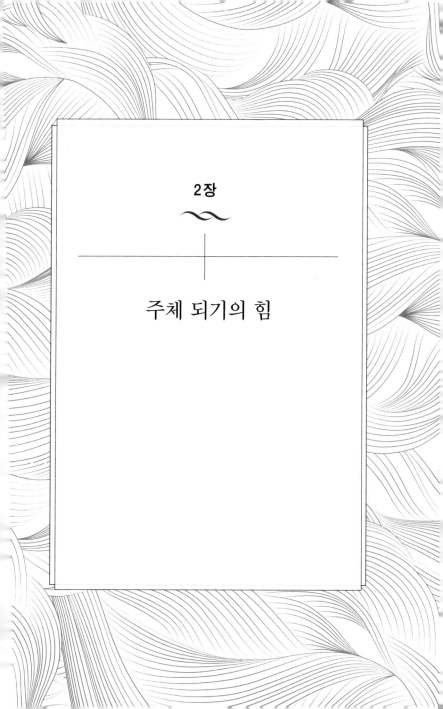

2장

~

주체 되기의 힘

우리는 모두 자기 삶의 주인으로서 온전한 주체 되기를 원한다. 누구도 다른 사람에 의해 지배를 받거나, 영향을 받는 객체 혹은 대상이 되기를 원하지 않을 것이다. 키르케고르Kierkegaard(1813~1855)는 '주체적이 된다는 것'[40]의 의미에 대해 '우리 자신이 자기 삶에 있어서 주체적으로 되는 것은 자신의 삶에 대한 가장 높은 보상이며, 주체적인 사람에게만 영원한 행복이 존재한다. 따라서 주체적이 된다는 것은 모든 인간에게 주어진 과제이며, 평생을 통해 추구해야 할 과제이자, 평생토록 추구해도 완성될 수 없는 과제다. 주체적이 된다는 과제는 삶의 과제이므로 인생이 지속되

존엄에 대한 생각

는 한 이 과제도 지속될 것임은 당연하기 때문이다.' 라고 말하면서 자기 자신의 주체가 되는 것은 일생의 과정으로서 주체화하는 주체 되기임을 말하고 있다.

그렇다면, '자기 자신의 주체 되기의 의미는 진정 무엇인가?', 혹시 '자기 자신의 주인이 되는 것인가?', '자기 자신을 주도하는 것인가?', '자기 자신을 선택하는 것인가?', '자기 자신을 결정하는 것인가?', '자기 자신의 필요를 주장하는 것인가?' 물론 이 모든 것이 자기 자신의 주체 되기와 관계가 있다고 말할 수 있지만, 그러나 우리는 한 걸음 더 들어가서 자기 자신의 주체 되기의 본질적인 의미를 캐묻고자 한다.

① 주체 되기의 출발: 본래적인 목적아래 자기 자신을 온전히 세우기

주체는 'sub'와 'ject'의 결합어다. 'sub'는 말 그대로 '~아래'의 의미이며, 'ject'는 '내보내다'라는 의미를 갖고 있다. 주체란 '~아래에 자기 자신을 내보내는' 사람을 의미한다. 예를 들어 영상을 스크린에 보내기

위해 우리는 빔프로젝터를 사용한다. 빔프로젝터 beamprojector는 말 그대로 '빛beam'을 '앞으로pro,' '내보내 는ject' 물건이다. 이렇게 설명을 해도 아직까지는 '~아 래에 자기 자신을 내보내는' 사람으로서 주체의 의미 가 충분히 해명되지 못한 것 같다. 그런데, '~아래에 자기 자신을 내보내는 사람'으로 주체subject의 의미를 음미해 보면, 우리 자신이 얼마나 주체 되기로부터 멀 어져 있는지 강렬하게 이해할 수 있다.

당신은 인생에서 무엇을 추구하고 있는가? 당신이 성취하고자 하는 간절한 목표는 무엇인가? 당신 자 신을 그렇게 열심히 내보내고 있는 그 무엇은 무엇인 가? 사람들은 '돈'을 위해 '돈 아래에 자기 자신을 내보 내'고, '권력'을 위해 '권력 아래에 자기 자신을 내보내' 고, '명예'를 위해 '명예 아래 자기 자신을 내보내'기도 한다. 또 어떤 사람들은 '성과'를 위해 '성과 아래에 자 기 자신을 내보내'고 있을 것이다. 많은 사람들은 삶 이란 자신이 성취하고자 하는 그 무엇을 위해 '그 무 엇 아래에 자기 자신을 내보내'는 것으로 이해하기 때

존엄에 대한 생각

문이다. 그런데, 우리 자신을 온전히 내어 맡기는 그 무엇이 무엇인지에 대해서 한 걸음 더 들어가서 엄밀하게 따져 본다면, 그동안 우리가 주체가 되기 위해 살아온 삶이 사실상은 자기 자신의 주체 되기가 아니라, '돈, 권력, 명예, 성과'에 예속된 주체 되기를 의미하는 것에 불과하다는 것을 알 수 있다. 엄밀하게 말하면, 성취하고자 하는 그 무엇에 복종하고 순종하는 주체 되기에 불과했던 것이다. 본래적인 목적 아래 자기 자신을 내보내면서 본래적인 자기 자신으로 존재하는 주체 되기와는 다른 길이라고 할 수 있다. 이렇게 설명하면 아마 의문이 생길 것이다. 그리고 반문하게 될 것이다. 아니 그게 무슨 말인가? 내가 비록, '돈, 권력, 명예, 성과'를 추구한다고 할지라도 그것을 선택하고자 결정한 것은 바로 나 자신이기 때문에, 이 모든 것은 결국 자기 자신의 주체 되기가 아니냐고 말이다. 그런데, 정말 그런가? 내가 선택하고, 내가 결정하고, 내가 주도하고, 내가 주장하면, 그러면 자기 자신의 주체가 되는 것인가?

② 예속된 주체 되기를 극복하기 위한 자기변형하는 주체 되기

푸코는 자기 자신의 주체 되기란, 내가 원하는 것을 내가 선택하고, 내가 결정하고, 내가 주도하고, 내가 주장한다고 되는 것이 아니라고 말하고 있다. 자기 자신의 주체 되기란, 내가 소유하고 싶은, 내가 관계하고 싶은 것을 추구하거나 지향하는 과정에서 단순히 '자기 선택권이나 결정권, 주도성'의 유·무를 의미하는 것이 아니다. 자기 자신의 주체 되기는 '언제나 오직 자기 자신이 될 수 있는 그 아래에 자기 자신을 전적으로 내보내는' 삶을 의미하는 것이다. 백번을 천번을 영원히 회귀하면서 다시 태어나더라도 생의 마지막 순간까지 회피하지 않고 선택하며 살아갈 바로 자기 자신 아래로, 자기 자신을 내보내는 것이 자기 자신의 주체 되기의 본래적인 의미인 것이다. 물론, 이러한 분별이 결코 쉽지는 않지만 존엄한 주권적 주체 되기를 고민하는 사람이라면, 예속된 주체가 되고 순종주체가 되는 것과 자기통치하는 존엄한 주권

적 주체로서 본래적인 자기 자신으로 존재하는 주체 되기와 혼동해서는 안 될 것이다.

③ 탈매개적 주체화로서 주체 되기

많은 사람들은 상대를 자신의 힘과 경험 아래에 순종하는 주체로 만들고자 한다. 타인의 영향력 아래 예속된 주체가 되기를 기대하고 있다. 이것이 매개적 주체화의 관점이다. 그러나 우리가 존엄지향실천의 관점에서 캐물어 온 맥락에서 보면, 온전한 자기 삶의 주체 되기는 탈매개적 주체화가 가능한 한에서 주체 되기임을 이해할 수 있다. 부모와 자녀 관계, 교사와 학생 관계, 리더와 직원 관계, 선배와 후배 관계 등 그 어떤 관계와 상관없이 그 누구도 감히 범할 수 없는 존엄을 이해한다면, 우리는 탈매개적 주체화만이 온전한 주체 되기임을 이해할 수 있다. 스피박Gayatri Spivak(1942~)이 강조하듯이[41] 상대의 힘이 약하다고 해서 쉽게 대변하거나 옹호하는 위치에 서서도 안 되지만, 그렇다고 당사자성을 강조하면서 모든 문제를 스스로 해결하는 것이 주체 되기라고 밀어내서도 안 될 것이다. 탈매개적 주체화를 위한 함께하기는 이러한 양극단의 위치가 갖는 한계를 극복하는 관계 맺음이다. 물론 이러한 탈매개적 주체화를 위한 함께함의 관계방식이 영혼의 고통이 수반될 만큼 힘들겠지만, 함께하는 사람들이 오직 자기 자신의 주체 되기를 할 수 있도록 관계하는 것이 상대의 존엄을 존중하는 것이기에, 힘들고 버겁더라도 우리는 그 길을 향해 뚝심 있게 나아가야 할 것이다. 일시적으로 과정적으로 잠정적으로 어느 누군가가 주체 되기의 과정에서 매개적 역할을 감당할 수는 있지만, 그것은 극복되어야 할 과정에 머물러야 한다. 강을 건너기 위해 도움을 준 배는 너무도 고맙고 소중하지만, 강을 건넌 뒤에도 배를 짊어지고 길을 가는 어리석은 사람은 없을 것이다. 우리 모두는 정도의 차이는 있을지언정 탈매개적 주체 되기의 힘을 본래적이고 내재적으로 가지고 있는 존엄한 인간임을 믿는다.

존엄에 대한 생각

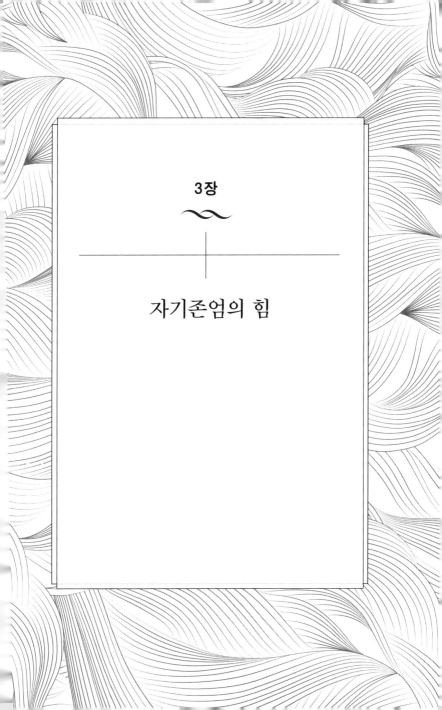

3장

자기존엄의 힘

2019년 9월 27일 스웨덴 예테보리국제도서전에 초대된 작가 한강(1970~)은 사회자로부터 다음과 같은 질문을 받았다. '당신의 작품을 보면 뭔가 이 사회에 건네는 메시지가 있다. 그러한 메시지를 지속적으로 표현할 수 있는 힘은 무엇인가?'. 여기에 대해 작가 한강은 "우리 안에는 무엇으로도 파괴할 수 없는, 그 무엇으로도 손상시킬 수 없는 것이 있다는 걸 믿고 싶었다. 그러한 믿음이 글을 쓰게 하는 힘인 것 같다."고 응답했다. 이러한 한강의 고민이 전면적으로 표현된 작품이 시수필집 『흰』[42]이다. 맨부커상 운영위원회는 『흰』이라는 작품에 대해 '인간 영혼의 강인함에 대한

존엄에 대한 생각

책'이라고 설명하고 있으며, 한강은 『흰』이라는 작품을 통해 '흔들리거나, 금이 가거나, 부서지려는 순간에도 우리에겐 더럽혀지지 않는 어떤 흰 것이 있지 않나. 그렇게 믿고 싶은 그런 것에 관한 이야기를 쓰고 싶었다.'라고 말했다.

우리는 가끔 내·외적인 어떤 것에 의해서 더럽혀지거나 손상당할 수는 있지만, 결코 파괴될 수 없는 그런 내재적이고 본래적인 힘을 가지고 있다. 그것은 바로 그 무엇으로도 감히 범할 수 없는 존엄이다. 우리는 결코 존엄자체를 성취하거나 현실적으로 경험할 수 없지만, 그러나 감히 범할 수 없는 존엄의 본래적인 의미가 우리로 하여금 존엄한 인간으로 존재하며서 도래할 존엄 자체를 향해 멈추지 않고 나아가도록 추동하고 있다.

플라톤Plato(B.C. 428~348)은 「힙피아스」[43]라는 대화편에서 '본래성을 캐묻는 사람은 아름답고 우아하고 고결하며 다루기가 힘들고 어렵다'고 이야기하고 있다. 우리는 모두 아름답고 우아한 삶을 살기를 희망하지만, 그것이 권력과 부를 통해서만 가능하다고 생각하지는 않는다. 밖으로 보여지는 우리의 외모나 치장한 옷과 악세사리 등의 이미지를 넘어서 존재자체의 아름다움, 삶 자체의 아름다움을 이야기하기 위해서는 인간다운 삶의 본래성을 캐묻는 삶, 자신이 하는 일의 본래적인 의미를 캐묻는 삶, 자기 자신의 본래적인 존재가치를 스스로 주체적으로 살아가는 삶이야말로 아름답고 우아하고 고결한 삶일 것이다. 이러한 캐물음의 삶을 살아가고 있는 사람은 그 누구도 쉽게 대하기가 힘들며, 웬만한 권력 앞에서도 호락호락하지 않을 것이다. 이러한 사람들을 강제로 통제하기 위해 억압하거나 지배하기도 만만치 않을 것이다. 사실상 우리 모두는 존엄한 인간으로서 이미 그런 존재자이며, 주체들이다. 비록 현실 속에서는 그러한 삶의 모습이 부족해 보인다고 할지라도, 내재성과 잠재성, 본래성의 차원에서 우리는 모두 그런 존재임에 대한 실재를 결코 부정할 수는 없을 것이다. 우리는 우리 자신과 동료시민들이 그러한 존재라는 것에 대해 당위적 존중을 게을리하지 않을 것이다.

자기존엄의 힘을 이야기한다는 것은 단순히 사물을 움직이는 물리적인 힘을 의미하는 것은 아니다. 자기존엄의 힘이란 존엄한 삶을 침해하는 다양한 문제를 해결하는 힘이며, 존엄한 삶을 위한 새로운 기회를 창조하는 힘이며, 존엄한 삶의 다양성과 차이를 존중하고 환대하는 힘이며, 존엄한 삶을 선택하기 위해 복잡하고 역동적인 맥락 속에서 유연하게 적응하는 힘이라고 할 수 있다. 아울러 존엄한 삶을 위한 실천의 힘이란 어떤 외부적인 강제력에 의해서 영향을 받을 수는 있지만, 본래적인 자기 자신의 고유성과 특이성이 뿌리뽑히거나 파괴당하지 않도록 지속하는 힘이다. 태풍과 홍수, 가뭄 혹은 벌레에 의해 어느 정도는 손상당할 수는 있지만, 결코 파괴되지 않고 자신의 본래적인 씨앗으로부터 싹을 피우고, 나무를 성장시키고, 가지를 뻗으며, 빛깔이 곱고 당도가 높은 열매를 맺는 사과처럼, 본래적인 자기 자신의 온-빙하는 고유성으로서 존재의 몫을 온전히 드러내는 힘이,

자기존엄의 힘이라고 할 수 있다.

　이러한 맥락에서 플라톤이 본래성을 캐묻는 사람은 대하기가 힘들고 어렵다고 말한 것의 실천적 의미는 인간 존엄의 본래성을 캐묻는 사람일수록 그러한 사람의 자기존엄의 힘은 견고하고 단단하다는 것을 이야기하고 있는 것이다. 마치 뿌리깊은 나무가 바람에 쉽게 흔들리지 않는 것처럼 말이다. 프랑스 철학자인 시몬 베유Simone Weil(1909~1943)는 『뿌리내림』[44]에서 '인간으로서 우리의 본래적인 의무는 뿌리내림이다. 스스로 주체적으로 존재하면서 동시에 이웃과 더불어 함께 본래적인 자기 자신으로 존재하는 것이 존재의 몫이다. 우리는 존엄한 삶이라는 존재의 몫에 뿌리내림을 해야 한다. 우리 삶의 비극은 바로 존재의 몫으로부터 뿌리뽑힘에 처하게 되는 것이다. 외부의 힘에 의해 뿌리뽑힘을 당하거나 혹은 어쩔 수 없다는 이유로 자기 자신의 선택에 의해 존재의 몫으로부터 뿌리를 뽑는 것이 불행일 수 있다.'고 말한 바 있다. 이러한 측면에서 우리가 어떤 사람을 보면서 자기

존엄의 힘이 있다고 말할 수 있는 중요한 근거는 단순히 자기관리의 힘이나 자기통제력의 맥락을 넘어서 존엄이라는 자기 자신의 존재가치에 뿌리를 내리는 힘, 뿌리내림을 지탱하고 지속하는 힘을 전면적으로 자기화하고 있는 경우를 의미할 것이다.

자기 자신에게 그리고 세계에 뿌리를 견고하게 내리는 힘을 자기존엄의 힘이라고 이야기할 수 있다면, 자기존엄의 힘과 주체적인 삶의 힘이 공명한다는 것을 이해할 수 있다. 주체적인 삶의 힘에 대해서는 키르케고르가 『주체적으로 되는 것』에서 한 이야기를 주목할 필요가 있다.

'우리 자신이 자기 삶에 있어서 주체적으로 되는 것은 자신의 삶에 대한 가장 높은 보상이며, 주체적인 사람에게만 영원한 행복이 존재한다. 따라서 주체적으로 된다는 것은 모든 인간에게 주어진 과제이며, 평생을 통해 추구해야 할 과제이며, 평생토록 추구해도 완성될 수 없는 과제다. 주체적이 된다는 과제는 삶의 과제이므로 인생이 지속되는 한 이 과제도 지속될 것임은 당연하기 때문이다.' 주체적인 삶은 생의 마지막 순간까지 지속되어야 할 과정이라는 점에서 우리는 어떤 단계나 성취를 통해 자기존엄의 힘 주체가 완성되는 것이 아니라 생의 마지막 순간까지 지속되는 자기존엄의 힘의 주체 되기 과정 속에 참여하는 수행자임을 받아들여야 한다. 자기존엄의 힘으로서 주체 되기는 지속적인 흐름과 과정 속에서 이루어지는 것이기에 매 순간순간 자기 자신으로 그리고 동료시민과 더불어 함께 존재하고 있음을 인식하고 깨어 있는 것이 요구된다고 할 수 있다.

존엄한 인간으로서 우리의 임무는 무엇인가? '마을에서 지역에서 다양한 실천 방식을 통해 존엄한 사회, 존엄한 도시, 존엄한 나라를 향해 길을 가는 것'을 공동으로 공유된 비전으로 받아들이는 삶을 우리 공동의 임무라고 부를 수 있을 것이다. 그리고 어떠한 조건과 상황 속에서도 또 그 어떤 외부적인 힘에 의해서도 감히 범해지지 않는 자기존엄의 삶을 향유하고, 타자의 존엄을 인정하며 동료시민과 공향하는 삶을 추구해 가는 것이 존엄한 인간의 존재방식이다. 이러한 비전이 현실이 되는 그날이 언제 오는가는 중요하지 않다. 자기존엄의 힘으로서 주체 되기는 우리가 합당하게 가야 할 길이며, 우리가 열망하며 가고 싶은 길이며, 또한 우리가 마땅히 갈 수 있는 길이기에 가고자 하는 것뿐이다.

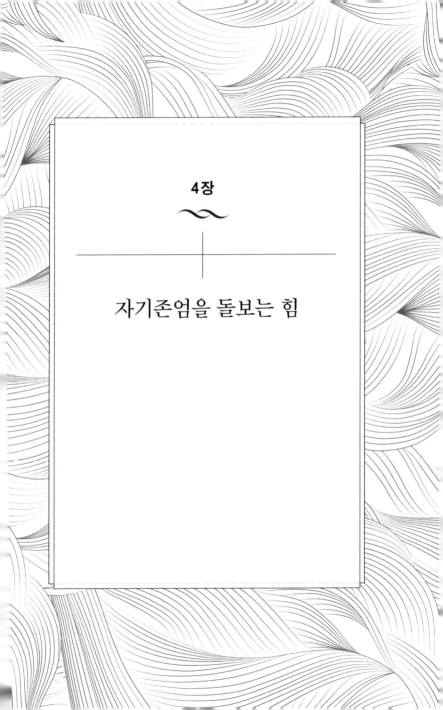

4장

자기존엄을 돌보는 힘

당신은 자기존엄을 돌보고 배려하기 위해 주로 무엇을 하고 있는가? 하루의 피로를 회복하기 위해, 한 주간의 피로를 회복하기 위해, 한 달의 피로를 회복하기 위해 당신 자신에게 무엇을 해 주는 것이 자신을 돌보고 배려한다고 생각하는가? 어떤 사람들은 맛있는 것을 먹음으로 자신을 돌보고 배려하며, 어떤 사람들은 쇼핑을 통해, 어떤 사람들은 여행을 통해, 또 어떤 사람들은 편안한 친구들과 함께 대화를 나눔으로 또 어떤 사람들은 긴 시간 잠을 자는 것을 통해 쉼을 얻곤 한다. 이러한 일련의 행위들은 자기 자신을 돌보고 배려하는 기술이라 할 수 있다. 그런데, 이러한

존엄에 대한 생각

자기돌봄과 배려의 기술만으로 우리는 그 무엇으로도 감히 범할 수 없는 자기존엄을 잘 돌본다고 말할 수 있는건가? 소크라테스Socrates(B.C. 470~399)가 말하는 자기돌봄(에피메레이아 헤아우톤epimeleia heaution)**45**의 의미는 '~을 위한', 혹은 '~을 위해서' 살아가는 삶이 아니라, 자신의 소유나 관계하는 사람들을 돌보는 것이 아닌, 바로 존엄한 인간으로서 자기 자신 자체를 돌보는 것을 의미한다. 자기 자신으로 존재하는 자유를 선택하는 것이다. 지금 여기에서 이렇게 이런 식으로 살아가는 것이 존엄한 인간으로서 본래적인 자기 자신을 힘 있게 향유하며, 동료시민들과 더불어 함께 공향하는 삶인지에 대한 캐물음을 하는 것이 바로 자기존엄을 돌보는 것이다. 우리에게는 삶의 매 순간마다 자기존엄을 망각하지 않고 돌보는 힘이 필요하다.

맡겨진 임무로서 주어진 일을 성실하게 책임감을 갖고 실행하는 것이 중요하지만, 그러한 삶이 진정 생의 마지막 순간까지 회피하지 않고 선택하며 살아갈 바로 나 자신의 삶인가에 대한 물음을 물을 수 있다면 우리는 지금과는 다르게 삶을 보다 힘 있게 살아 갈 수 있을 것이다. 본질적인 문제를 혁신적인 방식으로 본질적으로 해결하는 과정에 자기 자신을 포함해서 함께하는 사람들이 영혼의 생기를 가진 자기통치 [46]하는 존엄한 주권적 주체인지에 대한 자기물음하는 힘이 자기돌봄의 힘이라고 말할 수 있다. 지금 내가 이렇게 힘들게 수고하고 있는 삶이 바로 나 자신의 삶인지에 대한 자기인식과 그러한 자기인식을 돌보는 자기돌봄의 힘이 없다면, 우리는 마치 누군가에 의해 조정당하는 마리오네트가 되든지 혹은 누군가의 힘에 의해 지배당하는 예속주체에 머무르게 될 수 있기 때문이다.

일상생활과 사회적 관계 속에서 자기존엄의 힘을 가지고 자기돌봄의 힘을 발휘한다는 것은 동료시민들과 더불어 함께 자기통치하는 존엄한 주권적 주체로 살아갈 뿐만 아니라, 역시 그러한 삶을 살아가고 있는 동료시민들과 더불어 함께하는 것이다. 이러한 자기돌봄의 힘을 강화하기 위해 일상을 꼭 멀리 떠나야만 하는 것은 아니다. 일상을 떠나서 소위 자기 자신을 발견하고 돌볼 수 있는 어떤 장소와 시간을 가져야만 자기 자신을 돌볼 수 있다고 생각한다면, 하루하루 살아가는 나의 일상이 무시될 위험이 있다. 날마다 되풀이되는 삶의 장에서도 언제나 우리 자신은 존엄한 인간으로 존재하고 있기에, 일상을 떠나서 갖는 자기돌봄을 부정하는 것이 아니라, 일상을 떠나야만 된다고 생각하는 편견에 대해 물음을 제기하는 것이다. 일상을 떠나야만 자기돌봄이 가능하다면 지금 여기에서의 삶은 누구의 삶인지를 되묻지 않을 수 없기 때문이다. 스페인의 산티아고 길을 걷거나, 인도의 겐지스강을 경험하고, 네팔의 산을 오르고, 제주의 올레길을 걷는 등 다양한 삶의 체험도 의미가 있지만 오직 그러한 경험을 통해서만 자기를 돌보고 배려할 수 있다는 편견에 갇혀서는 안 될 것이다. 그러한 생각은 날마다 되풀이되지만 차이를 만드는 일터와 일상 속에서 존엄한 주권적 주체로 존재하도록 자기돌봄을 소홀히 하거나, 외면할 위험이 있음을 환기하고자 하는 것이다. 날마다 되풀이되지만 그러나 차이를 생성하는 지금 이곳에서 보내는 하루하루의 일상과 업무 속에서 '자기 자신을 돌보고, 자기 자신을 배려하고, 자기 자신으로 되돌아오고, 자기 자신에 은거하고, 자기 자신에게서 즐거움을 발견하고, 자기 자신과 더불어 지내고, 자기 자신과 친구가 되고, 거룩함 속에 있는 것처럼 자기 자신 안에 있고, 자신을 치료하고, 자기 자신을 존중하고, 자기 자신을 위로하고, 자기 자신을 인정하는'[47] 등과 같은 일련의 실천들이 곧 자기돌봄이며, 또한 그러한 실천을 통해 자기돌봄의 힘을 키울 수 있는 것이다.

존엄에 대한 생각

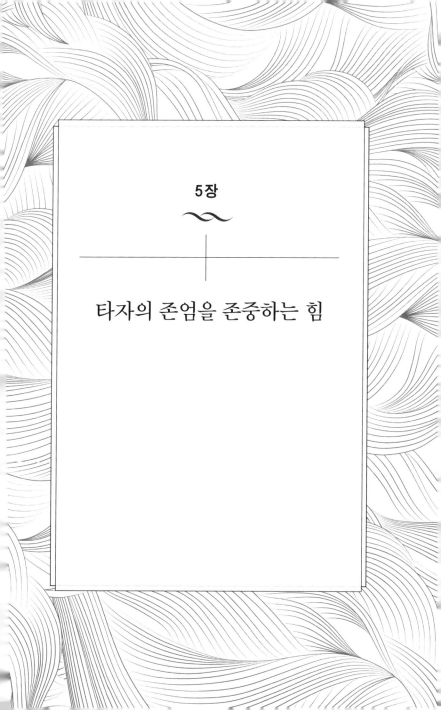

5장

타자의 존엄을 존중하는 힘

존엄한 삶이란 공동존재로서 언제나 항상 타자와의 관계 속에서만 의미를 갖는 인간의 존재방식이다. 그러나 안타깝게도 많은 사람들은 자신이 상대보다 더 우월한 힘(나이, 경험, 전문성, 직급 등)을 갖고 있다고 느낄 때, 관계 맺고 있는 상대에게 비대칭적인 힘을 행사함으로써 '상대의 행동을 지도하거나', '상대의 행동을 배치하고', '상대를 자신에게 전면적으로 의존하게 하려는 유혹'에 갇히곤 한다. 이러한 왜곡은 가정, 학교, 조직, 사회 곳곳에 만연되어 있다.

「대한민국헌법」 제1조 제2항은 "대한민국의 주권은 국민에게 있고, 국가의 권력은 국민으로부터 나온다."

존엄에 대한 생각

라고 명시되어 있다. 국민주권주의를 이야기하고 있는 것이다. 그러나 아쉽게도 우리는 관계 맺고 있는 실천 주체들을 4~5년마다 돌아오는 15일간의 선거 기간 동안에만 주권적 주체로 인정하고, 투표장소에서만 주권자로 인정하는 잘못된 패러다임에 갇혀 있는 것은 아닌지 되묻고 싶다. 루소Rousseau(1712~1778)는 『사회계약론』[48]에서 자신이 아무리 큰 권력을 갖고 있다고 할지라도, 자신과 관계 맺고 있는 모든 동료시민들은 어떠한 시간과 공간 속에서도 권력에 지배당하거나 예속되지 않는 존재임을 강조하고 있다. 자기통치하는 주권적 주체라는 본질적인 의미가 손상되거나 훼손될 수 없는 절대적인 가치를 갖고 있음을 강조하고 있다. 내가 아무리 큰 힘을 가진 리더라고 해도 상대를 언제나 나에게 복종시킬 권리를 가질 수 없으며, 상대 역시 어떠한 경우에도 복종의 의무만을 전면적으로 갖지 않는다고 말하고 있다. 어떤 사람도 다른 사람에 대해 천부적인 지배력을 가질 수는 없는 것이다.

헌법 제37조 제2항 앞 부분을 보면, '국민의 모든 자유와 권리는 국가안전보장·질서유지 또는 공공복리를 위하여 필요한 경우에 한하여 법률로써 제한할 수 있으며,'라고 말하면서 개인보다 가정을, 개인보다 학교를, 개인보다 조직을, 개인보다 국가를 우선시하는 가치를 언급하고 있다. 그러나 제37조 제2항의 뒷 부분을 보면, 전체를 위해 개인의 자유와 권리를 '제한하는 경우에도 국민의 자유와 권리의 본질적인 내용을 침해할 수 없다.'고 분명하게 명시하고 있다. 따라서 다음과 같은 말은 언제나 합당하지 않은 것이다. '나는 너와 계약을 맺는다. 그 계약의 부담은 전적으로 당신이 지고, 혜택은 전적으로 내가 누린다. 내가 원하는 한, 나는 그 계약을 지킬 것이니 당신도 역시 지켜라. 그러나 내가 원하지 않는 한 당신의 의사와 관계없이 나는 그 계약을 파기할 것이다.' 우리가 관계 맺고 있는 사람들을 존엄한 주권적 주체로 인정한다면, 자녀라고 해서[49], 학생이라고 해서, 직원이라고 해서 억압하고 지배해서는 안 된다. 상대가 누려야 할 비지배

자유[50]와 본래적인 자기 자신으로 존재하는 자유의 주인이 될 수 있는 정신적, 신체적, 사회적, 정치적, 경제적 자유를 존중하고 인정해야 한다.

　여기에서 우리가 주목해야 할 가치는 어떠한 이유와 조건에 의해서도 상대를 나의 의지와 힘에 의해 지배할 수 있는 대상으로 전락시킬 수 없다는 것이다. 나의 노동 가치와 지적 가치를 투여해 부가가치를 창출한 결과물을 나의 소유로 만들 수는 있지만, 어떠한 경우에도 사람은 그러한 부가가치의 대상이 될 수 없는 것이다. 우리가 이론적으로는 이해하고 인정하는 사실이지만, 현실에서 자기극복하면서 실천하기에는 상당히 부담스러운 것이 사실이다. 그러나 분명한 것은 내가 관계 맺고 있는 사람들은 어리다고, 힘이 없다고, 나의 영향력 아래 있다고 할지라도 자기통치하는 존엄한 주권적 주체임을 잊어서는 안 된다. 이것이 앞에서 소개한 바 있는 주권의 일의성이 갖는 실천적 의미다. 자기통치하는 존엄한 주권적 주체는 어떠한 순간과 상황 속에서도 자신과 관계 맺고 있는 모든 동료시민들을 자기통치하는 존엄한 주권적 주체로 인정하는 주권의 일의성에 대한 온전한 이해와 실천적 지혜의 힘을 전면적으로 자기화하고 있다.

존엄에 대한 생각

6장

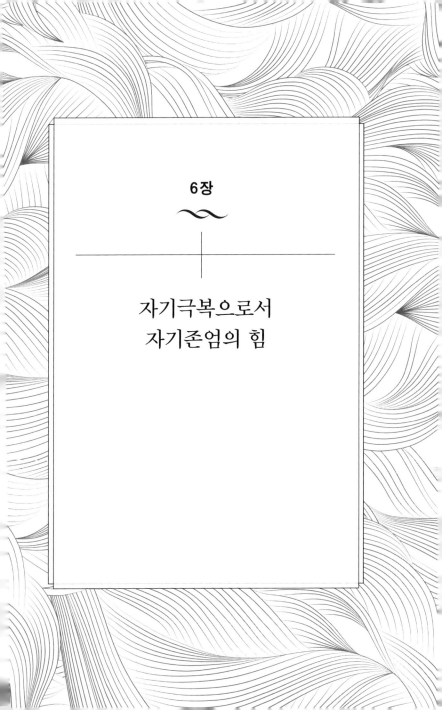

자기극복으로서
자기존엄의 힘

니체Nietzsche(1844~1900)는 『차라투스트라는 이렇게 말했다』[51]에서 '자기극복의 힘'을 이야기한 바 있다. '자기극복의 힘'은 모든 인간이 본래적이고 내재적으로 갖고 있는 삶의 힘에 대한 니체의 통찰이라고 할 수 있다. 자신이 갓난아기였던 때를 생각해 보기 바란다. 기던 아이가 걷게 되는 과정에서 아이였던 우리 모두은 오직 자기극복하는 힘으로 걷게 되었다는 것을 알 수 있다. 물론 일시적이고 잠정적으로 부모의 도움이 있었고, 넘어지지 않게 지탱하는 도구들의 활용도 있었지만 기던 아이들이 결국 마침내 걷게 된 힘은 자기 안에 이미 벌써 존재하는 오직 자기극복하

존엄에 대한 생각

는 힘에 의해서다. 인류 역사의 모든 인간들은 오직 자기극복하는 힘에 의해서 걷게 되었던 것이다. 우리 모두는 본래적이고 내재적인 힘으로서 자기극복하는 힘을 담지하고 있는 존재인 것이다.

차라투스트라는 사람들에게 말했다. 나 너희에게 위버멘쉬 Übermensch(자기극복하는 인간)를 가르치노라. 사람은 극복되어야 할 그 무엇이다. 너희는 너희 자신을 그리고 인간의 삶을 극복하기 위해 무엇을 했는가? 위버멘쉬가 이 대지의 뜻이다. 너희 의지로 하여금 말하도록 하라. 지난날에는 신에 대한 불경이 가장 큰 불경이었다. 그러나 신은 죽었고 그와 더불어 신에게 불경을 저지른 자들도 모두 죽었다.

자기극복하는 인간이란(위버멘쉬) 본래적인 자기 자신이 되기 위해 자신의 한계를 지속적으로 극복하면서, 자기만의 규칙을 수립하되, 그러한 자기 규칙에 자신을 가두지 않고 지속적으로 자기 자신을 극복해 가는 과정 전체를 의미한다.

니체는 삶의 힘이란 자신이 직면한 본질적인 문제를 뚝심있게 해결하는 과정에서 더 이상 어찌할 수 없는 한계상황에 직면했을 때 그것을 회피하지 않고 자기극복하는 힘이라고 말하고 있다. 평상시에는 잘 모르지만 결정적인 순간, 자신의 삶을 압도하는 한계상황에 직면했을 때 그것을 처리하고 대응하는 방식을 보면 그 사람이 간직하고 있는 삶의 힘이 어떠한지를 알 수 있다. 물론, 우리가 직면한 복잡하고 다원적이고 역동적인 문제를 우린 혼자 힘으로 해결하는 데 한계가 있다. 따라서 더 많은 사람들과의 협력과 연대가 필요하다. 그리고 할 수 있는 한 더 많은 자원을 연결하고 활용할 필요가 있다. 그러나, 과정적으로 도움을 받을 수는 있지만, 결국 마침내 존엄한 인간으로서 우리 자신에게 필요한 힘은 자기극복하는 힘이라고 할 수 있다. 자기극복의 힘이 요구되는 진실의 순간은 자기 자신의 힘으로 어찌할 수 없다고 느껴지는 순간, 자신의 삶을 압도하는 결정적인 순간, 근본적인 한계를 느끼는 고통스런 상황을 회피하지 않고,

존엄에 대한 생각

그리고 그 상황에 자신을 굴복시키며 예속된 주체로 내어 맡기지 않고 자기극복하게 하는 힘이다. 자기존 엄한 삶을 위해 우리에게는 자기극복하는 힘을 열망 하는 의지가 필요하다. 이러한 의미에서 존엄한 인간 이란 '자기극복하는 힘을 열망하는 힘'을 가진 인간이 라고 말할 수 있다.

자기극복하는 힘이 요구되는 상황은 단순히 귀찮 고, 피곤하고, 번거로운 문제의 상황과는 다르다고 할 수 있다. 오늘 할 일을 내일로 미루고, 지금 할 일을 다음으로 미룬다고 해서 자기극복의 힘이 부재하다 고 말할 수는 없을 것이다. 자기극복하는 힘은 그런 일상의 문제들을 처리하는 과정이라기 보다는, 자신 을 포함해서 누가 보든지 정말 결정적으로 힘들고 고 통스러운 문제, 얼마든지 그 상황을 회피하거나 그 상 황아래 자신을 예속된 주체로 내어맡겨도 이해될 수 있는 그런 상황에 대해 자기통치하는 존엄한 주권적 주체 되기의 과정이라고 할 수 있다. 대부분의 사람 들은 자신을 힘들게 하는 독감바이러스 정도가 아니라 암세포라고 여겨지는 사람과의 관계 속에서 그 사람의 한계를 탓하고, 모든 문제의 원인을 상대의 탓으로 돌리며, 자신의 고통스러움을 한탄한다. 그러나 자기극복하는 힘을 가진 사람은 그러한 고통을 회피하거나 외면하지 않고 내가 왜 굳이 감당하면서 그 사람과 관계를 해야 하는지, 이 일을 왜 해야만 하는지, 이 일이 본래적인 자기 자신으로 온전하게 현존하는 온-빙하는 삶인지에 대한 자기물음을 통해 자기극복하는 힘을 선택하는 사람이라고 할 수 있다. 이러한 자기극복하는 힘을 더 많이 갖기를 열망하는 사람들은 다시 캐묻게 된다. 지금 나는 나 자신이 어찌할 수 없다고 한계를 고백하는 상황을 회피하거나 외면하지 않고 자기극복하는 힘을 선택하고 있는가?

존엄에 대한 생각

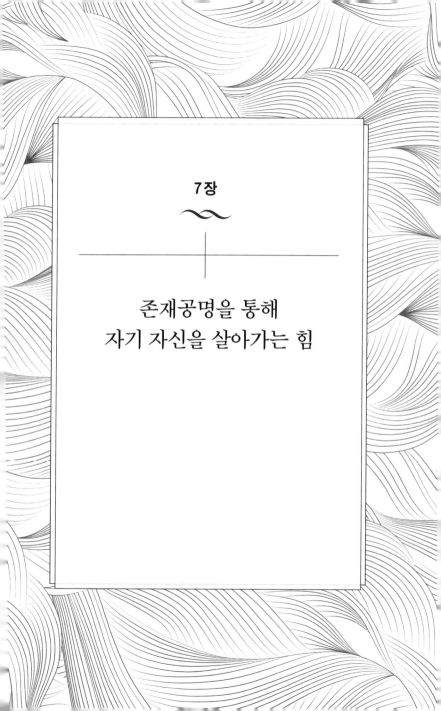

7장

존재공명을 통해
자기 자신을 살아가는 힘

우리가 이야기하는 자기존엄의 힘은 사람들의 몸만이 아니라 자기 자신을 주체화하는 주체로서 자기 자신만이 아니라 사회적 관계 속에 있는 타자들의 영혼에 영감을 주는 힘에 관한 것이다. 물론 이것이 결코 쉬운 문제는 아니다. 쉽지 않기 때문에 기존에 해 왔던 기술과학적 접근과는 근본적으로 다르게 사유하고, 접근하고자 하는 것이다.

하이데거는 본래적인 자기 자신으로 존재하기 위해 주체화하는 주체와 관계 맺는 실천의 힘에 대해 중요한 영감을 주는 철학자다. 소크라테스에서 니체에 이르기까지 철학은 자기 자신을 아는 것, 진정한 자기

존엄에 대한 생각

자신으로 살아가는 것, 그래서 다른 누구도 아닌 바로 자기 자신이 되어 가는 삶의 본질적인 의미에 대해 이야기하고 있다. 그런데, 하이데거는 이러한 기존의 이야기에 더해 우리에게 한 걸음 더 들어가도록 안내하고 있다.

우주의 모든 물질의 존재방식은 떨림과 울림이라는 진동에 의해 존재하고 있다. 20세기 양자역학이 물리학의 핵심 이론으로 설명되면서 우리는 물질의 존재방식에 대한 새로운 이해를 갖게 되었다. 사물은 지금 이곳에 정지해 있는 것이 아니라 미세한 떨림과 울림에 의해 물리학적으로는 '단진동'에 의해 존재하고 있다. 물론 우리의 눈으로는 잘 식별이 안 될 수 있지만, 미시현미경, 나노현미경으로 보면 본래적으로 그렇다. 자연세계의 모든 물질은 자신만의 단진동을 가능하게 하는 고유한 진동수를 갖고 있다. 그리고 인간이 만든 기술세계에서 각 물질은 자기의 고유 진동수에 해당하는 전파신호를 내보낸다. 휴대폰을 예로 들면, 각 휴대폰은 자기만의 전파신호를 갖고 있다. 휴대폰의 고유진동수라고 할 수 있다. 지금 내가 당신 휴대폰으로 전화를 걸면 내 휴대폰에서 고유진동수에 해당하는 전파를 내보내게 되고, 이 전파는 당신의 휴대폰을 제외한 모든 다른 사람의 휴대폰에는 아무 영향을 주지 못하며 오직 당신 휴대폰에만 공명을 일으켜 전화를 울리게 하는 것이다.

하이데거는 우리가 삶을 살아가는 것은 이처럼 존재자를 존재하게 하는 근원적인 힘으로서 존재자체와 존재를 밝히 드러내 보이는 존재자인 우리 자신과 공명의 경험에 의해서라고 말하고 있다. 존재가 보내는 고유진동수에 우리가 공명하며 울리는 현상이 바로 존재자로서 우리의 삶이라는 것이다.

우리가 지금 이렇게 살아가고 있다는 것은 우리 모두가 존재로부터 울려오는 고유진동수에 우리 각자가 갖고 있는 자기만의 고유진동수가 공명하기 때문이다. 문제는 이러한 존재의 공명에 얼마나 우리 자신이 잘 울림을 갖고 사느냐다. 존재공명은 자기 자신과 관계 맺는 사람들이 자기통치하는 존엄한 주권적 주체로 존재하는 삶과 관계 맺으면서 사람들의 영혼에 맞울림을 줄 수 있는 공명의 언어를 사용하는 것이다. 지금 나의 언어와 행동이 사람들의 몸만이 아니라 영혼에 공명의 맞울림을 주고 있는가에 대한 민감성과 캐물음이 요구된다.

사람들에게 공명의 맞울림을 주는 실천의 힘을 발휘한다는 것은 단순히 공감적 경청에 의한 소통이나, 사람들이 원하는 것을 해결해 주는 효용적 관계를 의미하는 것이 아니다. 그것은 함께하는 사람들이 공동으로 공유한 비전에 공명하고 있는지, 일터에서의 하루하루가 본래적인 자기 자신의 온-빙하는 삶을 살아가는 것과 공명하는지, 탁월한 성과를 창출하고 사람들에게 인정을 받는 것이 본래적인 자기 자신으로 존재하는 것과 어떠한 의미가 있는지에 대해 캐물음을 하는 것이다. 이것이 바로 존재공명의 힘으로서 자기존엄의 힘이라고 할 수 있다.

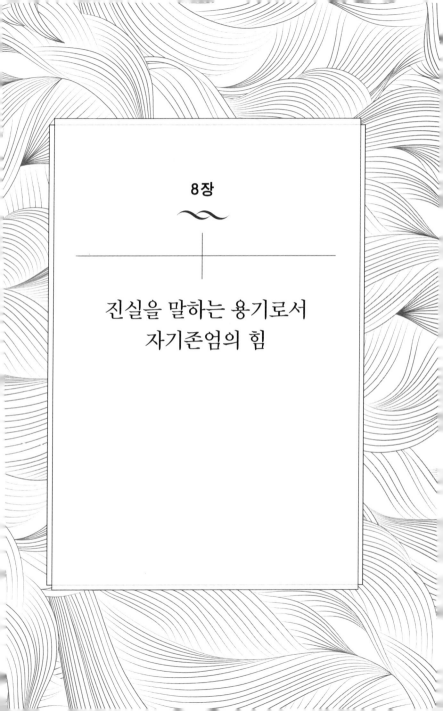

8장

진실을 말하는 용기로서
자기존엄의 힘

자기통치하는 존엄한 주권적 주체로 존재하기 위한 힘 중 하나는 진실을 말하는 용기의 힘이다. '진실을 말하는 용기'는 '파레시아parrhesia'의 번역어다. 푸코는 파레시아가 네 가지 말하기의 힘을 가지고 있다고 설명하고 있다. 첫째는 모든 것을 말하는 힘이며, 둘째는 자유롭게 말하는 힘이며, 셋째는 진실을 말하는 힘이며, 그리고 마지막으로 이 모든 것을 위해서 기꺼이 위험을 무릅쓰고 말하는 용기의 힘이다. 그래서 '파레시아'는 '진실을 말하는 용기'라고 표현하는 것이다.[52]

자기존엄의 힘이 있는 사람들은 진실을 말하는 용

존엄에 대한 생각

기의 힘을 전면적으로 자기화한 사람이라고 할 수 있다. 파레시아는 단순히 소통의 규칙이라고 하기에는 그 의미가 깊다. 현장에서 만나는 조직의 많은 리더들은 회의시간에 사람들이 자유롭게 말을 하지 않는다고 불만을 토로한다. 그래서 회의문화개선 워크숍 혹은 의사소통 활성화 워크숍 등을 요청하기도 한다. 그러나 조직안에 있는 사람들이 그런 도구적이고 기능적인 워크숍만으로는 자유롭게 자기 자신의 이야기를 하는 데 한계가 있다. 왜냐하면, 사람들이 회의시간에 자유롭게 자기 이야기를 하지 않는 것은 의사소통의 규칙을 몰라서가 아니기 때문이다. 평소에 자기 생각을 밖으로 드러내지 않는 내성적인 성격의 사람이라도, 존재공명에 의해 자기 자신을 사는 삶이라는 강렬함을 느끼면 발언을 하는 경우가 많기 때문이다. 따라서 문제는 소통의 규칙이나 방법이 아니라, 그 이상의 다른 의미를 고민해야 할 것이다.

비대칭적인 권력관계로 연결된 사회적 관계 속에서 힘이 부족한 사람들이 모든 것을 말하고, 자유롭게 말하고, 진실을 말하고, 위험을 무릅쓰고 말하는 용기의 힘을 발휘할 수 있는 방법은 자기존엄의 힘에 대한 자기물음을 물어야 하며, 동시에, 더 우월적인 힘을 갖고 있다고 해서 상대의 존엄을 존중하지 않고 자신의 힘으로 함부로 관리할 수 있는 대상으로 착각하는 오류에서 벗어나야 한다.

그렇다면 그건 어떻게 가능한 것인가?

첫째, 각자는 자기 자신을 비대칭적인 권력관계로 연결된 관계망 속에서 하나의 대상으로 규정하지 않고, 그러한 비대칭적인 힘과 경험의 크기로도 감히 범할 수 없는 존엄한 존재임에 대한 자기인식과 자기확신을 가져야 한다. 둘째, 자신이 더 큰 힘과 경험을 갖고 있다고 생각하는 사람들은 관계망에서 자신의 우월적인 힘으로 상황과 이슈를 주도하고 이끌어 나갈 수는 있지만, 그렇다고 해서 상대를 자신의 자의적인 생각에 따라 대상화할 수 있는 한갓된 사물로 여기지 않는 자기물음을 수행해야 하며, 때로는 영혼의 고통을 이겨내는 인내심을 필요로 함을 인식해야 한다. 셋째는 더불어 함께하는 모든 동료시민들은 어떠한 상황과 맥락 속에서도 감히 범할 수 없는 존엄한 존재임에 대한 당위적 존중으로 함께하는 한에서 함께한다고 말할 수 있음을 확인하고 확신해야 한다.

우리는 자기존엄의 힘과 상호존엄을 존중하는 관계 속에서 존재할 권리가 있는 존엄한 존재들이다.

여정으로서 존엄

우리는 지금까지 자기존엄을 힘 있게 살아가는 우리 각자가, 동시에 저마다 자기존엄을 힘 있게 살아가는 동료시민의 존엄을 존중하는 상호존엄의 삶을 함께 살아갈 수 있는 실천의 힘을 이미 어느 정도는 가지고 있으며, 그 힘을 회복해 전면적으로 자기화하기 위한 존엄지향실천에 대해 이야기를 했다. 존엄한 삶이란 날마다 되풀이되는 삶의 맥락 속에서 존엄을 생각하고 의식하고 지향하면서 살아가는 것을 의미한다. 또한 다른 누군가로부터 자의적이고 임의적으로 존엄을 침해당하지 않으면서 살아갈 수 있는 삶이라고 할 수 있다. 아울러 동료시민들의 감히 범할 수 없는 존엄을 침해하지 않으면서 더불어 함께 살아가는 것이 존엄한 삶을 통해 이야기하고자 했던 본래적인 의미다. 존엄한 삶은 단수적 삶의 방식이 아니라 복수적이고 공동체적인 공동의 삶의 방식을 본래적으로 내재하고 있다. 이러한 내재성은 존엄한 삶을 위해 동료시민을 필요로 한다거나, 공동체를 필요로 한다는 의미에서 매개적 접근이 아니다. 동료시민과 함께 공동의 삶을 통해 존엄한 삶을 이야기하는 탈매개적 존재방식을 이야기하기 위함이었다.

본래적인 것은 본디 그러하기에 당위적 존중으로 받아들이면 그만인 것이다. 중력의 영향으로 사과가 나무에서 떨어지고, 씨앗이 가진 생명의 힘은 중력의 영향속에서도 줄기를 뻗고, 열매를 맺는다. 그런데 우리는 이것이 왜 그런지에 대해 논리적으로 타당하게 이야기하는 데 한계를 갖는다. 보편중력의 영향력, 생명의 힘이 가진 위대함은 당위적 존중으로 받아들이면 되는 것이다. 이러한 당위적 존중의 마음과 존재방식으로 날마다 되풀이되는 우리의 일상생활 속에서 우리 자신과 동료시민들이 존엄한 존재임을 망각하지 않고 존엄지향실천의 삶을 힘 있게 살아갈 수 있기를 바란다. 그러한 존엄한 삶이 언제 현실이 되느냐는 중요한 물음이 아니다. 예를 들어 씨를 뿌리는 농부가 있다. 농부는 농사를 짓는 자신의 삶을 자기자신의 본래적인 온-빙하는 삶으로 이해하고 있으며, 자기존엄을 힘있게 살아가는 삶의 방식으로 받아들이고 있다. 씨를 뿌리는 농부가 풍성한 열매를 기대하는 것은 지극히 마땅한 현실이다. 그러던 어느 해 농부가 봄에 씨를 뿌렸는데, 다람쥐가 다 먹어 가서 가을에 제대로 열매를 거두지 못했다. 실망감이 컸겠지만, 농부는 아마 또다시 풍성한 열매를 기대하면서 그 다음 해에도 씨를 뿌릴 것이다. 가뭄이 들고, 홍수가 나고, 태풍이 불어서 제대로 열매를 거두지 못한다 할지라도 씨를 뿌리는 농부가 풍성한 열매를 기대하는 것은 이상이 아니라, 지극한 현실이고 마땅한 현실이다. 씨를 뿌린 농부가 풍성한 열매를 얻지 못하게 될 경우 당연히 실망감을 갖고, 생존에 대한 위

존엄에 대한 생각

협과 삶의 고통이라는 영향을 받겠지만, 씨를 뿌리는 농부의 삶을 자기 자신의 본래적인 삶으로 온-빙하는 삶으로 온전하게 인식하고 있다면, 힘들지만 자기극복하며 견뎌 낼 수 있는 삶의 힘이 있을 것이다. 핵심은 씨를 뿌리는 농부의 삶을 자신의 본래적인 삶으로 받아들이냐의 문제일 것이다. 우리가 존엄을 생각하며, 존엄한 삶에 대해 마땅히 이야기할 수 있는 이유는 그것이 우리 자신의 본래적인 삶이기 때문이며, 우리가 열망하고 희망하는 삶이기 때문이며, 또 무엇보다도 우리가 이미 그러한 삶을 다양한 형태와 방식으로 살아가고 있기 때문이다. 존엄한 삶은 생의 마지막 순간까지 지속되는 여정이며, 우리 삶의 다함없는 캐물음이다. 이미 존엄한 인간으로서 우리 모두가, 존엄한 삶의 여정을 뚝심을 가지고 무던하게 살아갈 수 있기를 소망한다.

존엄한 인간으로 살아가는 것이 바로 우리다.

용어 찾기

미주

1 키케로는 로마 시민을 '동료시민'으로 호칭했는데, 우리는 이 개념을 되살리고자 한다. '수'로 개별화되거나 전체화될 수 있는 '국민'보다는 감히 범할 수 없는 존엄한 인간이라는 의미를 담고 있는 '동료시민'이 더 적합하다고 생각하기 때문이다. (키케로, 2006:127)

2 존엄지향실천이란 "그 무엇으로도 감히 범할 수 없는 보편존엄을 매 순간 생각하면서 동료관계와 동료주민, 이웃관계, 비전과 미션, 사업, 의사결정과 소통, 협력 등 실천적 상황 속에서 존엄을 망각하지 않으면서 실천을 온전히 수행하고 있는지 매 순간 캐물으며 실천하는 것"이다.

3 존엄지향실천을 수행하고자 하는 실천가에겐 캐물음의 역량, 존엄물음을 캐물을 수 있는 역량이 요구된다. 감히 범할 수 없는 존엄한 동료와 동료시민(이웃)의 보편존엄을 망각하고 있는 것은 아닌지, 다시 생각하고, 한번 더 생각하고, 더 깊게 생각하면서 함께하는 것이다. 캐물음이란 물음의 n승을 의미한다.

4 우리는 일을 하면서 원하는 것을 얻고 기쁨을 경험하고 있다. 또한 일을 하면서 일을 통해 얻는 보람뿐만 아니라 본래적인 자기 자신으로 존재하고 있다는 인식을 하기도 한다. 나아가 자신의 업무에 대해 사람들의 인정과 존중을 경험할 때면 충

존엄에 대한 생각

만한 기쁨과 행복을 느끼기도 한다. 이러한 삶의 기쁨과 의미는 우리를 더 힘 있게 일할 수 있도록 추동하는 근거가 된다. 특히 일에 대한 동조나 정렬의 감정을 넘어 맞울림으로서 '공명'의 경험을 할 수 있다면, 우리는 비전을 실천하는 데 있어서 더 강렬한 힘을 발휘할 수 있게 될 것이다. 맞울림으로서 공명을 느끼는 강렬함의 정도에는 차이가 있을지라도 공명의 경험은 우리 자신이 왜 여기에서 이렇게 이런 식으로 삶을 살아가고 있는지를 설명하는 인간 존재방식을 본질적으로 설명하는 근거가 된다. 존엄한 인간으로 본래적인 자기 자신으로 존재하며 더불어 함께하는 동료시민들과 공동으로 존재하는 삶에 대한 공명의 경험을 지향하는 것이 우리의 본래적인 존재방식이다. 그러나 맞울림으로서 공명의 경험을 강렬하게 경험하기 위해서는 물음의 n승으로서 캐물음, 지속적인 자기물음을 자기 삶의 몫으로 받아들여야 한다.

5　　하이데거 지음, 이기상 옮김, 『존재와 시간』(까치글방, 1998)

6　　그 무엇으로도 감히 범할 수 없다는 존엄의 의미는 '대한민국의 최고 권력의 주인이면서, 최초 권력의 주인인 주권자'라는 헌법적 가치와 공명할 때 보다 강렬하고 강력하게 그 의미를 드러낼 수 있을 것이다. 그래서 존엄한 인간은 존엄한 주권적 존재로 이해할 때 함부로 대상화하는 것을 극복할 수 있을 것이다.

7　　분유는 '메테식스methexis'에 대한 번역어다. 메테식스는 본래성과의 관계 맺음, 본래성에 참여함, 본래성을 공유함의 의미를 가지고 있다. 존엄한 인간인 우리는 본래성으로서 존엄 자체와 관계 맺고 있으며, 존엄 자체에 참여하고 있으며, 존엄

자체를 공유하고 있다. 존엄한 인간을 그 무엇으로도 감히 범할 수 없는 존엄자체와 분리해서 생각하게 되면, 비대칭적 사회적 권력관계 속에서 더 큰 힘에 의해 예속당하거나, 복종할 위험이 있다.

8 존 M. 렉터 지음, 양미래 옮김, 『인간은 왜 잔인해지는가』(교유서가: 교유당, 2021)

9 Martha C. Nussbaum, "Objectification", Philosophy & Public Affairs vol. 24 no. 4 (1995): 249~291

10 공향이란 공존과 향유의 결합어로, 동료시민들과 더불어 함께 본래적인 자기 자신의 삶을 향유하는 것을 말한다.

11 인정은 그리스어 '아나그노리시스anagnorisis'에 뿌리를 두고 있다. 아나그노리시스는 'ana(again)'와 'gnosis(knowledge)'의 결합어다. 아나그노리시스는 '인정recognition', '발견discovery', '통찰insight', '캐물음examination' 등으로 설명된다.

12 아리스토텔레스 지음, 천병희 옮김, 『수사학/시학』(숲, 2017), 383~388 / John MacFarlane, "Aristotle's Definition of Anagnorisis(Recognition)", *The American Journal of Philology* vol. 121 no. 3 (2000): 367~383

13 베르너 마이호퍼 지음, 심재우·윤재왕 옮김, 『법치국가와 인간의 존엄』(세창출판사, 2019)

14 임마누엘 칸트 지음, 백종현 옮김, 『실천이성비판』(아카넷, 2019). '법이란 조건들의 총체, 즉 한 사람의 자의가 다른 사람의 자의와 자유의 보편 법칙에 의거하여 상호 통합될 수 있는 조건들의 총체다.' '한 사람의 행위가, 또는 그것의 준칙의 측면에서 보자면 한 사람의 자의가 자유가 보편 법칙에 의거하

존엄에 대한 생각

여 모든 사람의 자유와 병존 가능한 경우 그것은 올바르다.'

15 임마누엘 칸트 지음, 백종현 옮김, 『판단력비판』(아카넷, 2019)

16 에마뉘엘 레비나스 지음, 김도형·문성원·손영창 옮김, 『전체성과 무한』(그린비, 2018)

17 에마뉘엘 레비나스 지음, 김도형·문성원·손영창 옮김, 『전체성과 무한』(그린비, 2018)

18 질 들뢰즈 지음, 김상환 옮김, 『차이와 반복』(민음사, 2004)

19 질 들뢰즈 지음, 김재인 옮김, 『천개의 고원』(새물결, 2003)

20 로지 브라이도티 지음, 박미선 옮김, 『유목적 주체』(여이연, 2003)

21 권리란 "어떤 일을 행하거나 타인에 대하여 당연히 요구할 수 있는 힘이나 자격이다."(『표준국어대사전』)

22 존엄의 국어사전적 의미는 '인물이나 지위 등으로도 감히 범할 수 없을 만큼 높고 엄숙함'이다.

23 '공향共享'이란 '共存'+'享有'의 결합어다. 향유하는 삶을 함께 살아 나감이다. 각자의 삶을 향유하는 동시에 병행적으로 동료시민들 또한 자신의 삶을 향유하고 그러한 향유하는 삶이 공존하는 존재방식이다.

24 자크 데리다 지음, 문성원 옮김, 『아듀 레비나스』(문학과지성사, 2016) / 자크 데리다 지음, 남수인 옮김, 『환대에 대하여』(동문선, 2004)

25 에마뉘엘 레비나스 지음, 김도형·문성원·손영창 옮김, 『전체성과 무한』(그린비, 2018)

26 악셀 호네트 지음, 이현재 옮김, 『인정투쟁』(사월의책, 2011)

27 주디스 버틀러 지음, 조현준 옮김, 『젠더트러블』(문학동네,

2008)

28 오드리 로드 지음, 주해연 외 옮김, 『시스터 아웃사이더』(후마
    니타스, 2018)

29 피에르 아도 지음, 이세진 옮김, 『고대철학이란 무엇인가』(열
    린책들, 2017)

30 마틴 셀리그만 지음, 김인자 외 옮김, 『긍정심리학』(물푸레,
    2014)

31 테리 앱터 지음, 최윤영 옮김, 『나를 함부로 판단할 수 없다』
    (다산초당, 2018)

32 Jean-Luc Nancy, "Being singular plural", trans. Robert
    D. Richardson and Anne E. O'Byrne(California: Stanford
    University Press, 2000)

33 한나 아렌트 지음, 이진우 옮김, 『인간의 조건』(한길사, 2019)

34 폴 리쾨르 지음, 김웅권 옮김, 『타자로서 자기 자신』(동문선,
    2016)

35 르네 데카르트 지음, 최명관 옮김, 『방법서설』(창, 2010)

36 장 뤽 낭시 지음, 박준상 옮김, 『무위의 공동체』(인간사랑,
    2010)

37 공동존재로 존재한다는 의미는 각자의 개인적 효용을 극대화
    하기 위해 공동구매에 참여하는 사람들과는 질적으로 다른 의
    미를 갖는다.

38 탈레스 지음, 김인곤 옮김, 『소크라테스 이전 철학자들의 단편
    선집』(아카넷, 2005)

39 '공향共享'이란 '共存'+'享有'의 결합어다. 향유하는 삶을 함께
    살아나감이다. 각자의 삶을 향유하는 동시에 병행적으로 동료

시민들 또한 자신의 삶을 향유하고 그러한 향유하는 삶이 공존하는 존재방식이다. 공존共存: 두 가지 이상의 사물이나 현상이 함께 존재함 / 서로 도와서 함께 존재함. 향유享有: 누리어 가짐.

40 쇠렌 키르케고르 지음, 임규정 외 옮김, 『주체적으로 되는 것』(지식을만드는지식, 2012)

41 가야트리 스피박 지음, 태혜숙 옮김, 『서발턴은 말할 수 있는가』(그린비, 2013)

42 한강, 『흰』(문학동네, 2018)

43 플라톤 지음, 천병희 옮김, 『플라톤 전집: 힙피아스』(숲, 2019)

44 시몬 베유 지음, 이세진 옮김, 『뿌리내림』(이제이북스, 2013)

45 자기돌봄(에피메레이아 헤아우톤epimeleia heaution)에 대한 보다 깊은 이해를 위해서는 플라톤과 푸코의 텍스트를 참고하기 바란다. 플라톤 지음, 김주일·정준영 옮김, 『알키비아데스』(아카넷, 2020) / 미셸 푸코 지음, 심세광 옮김, 『주체의 해석학』(동문선, 2007) / 미셸 푸코 지음, 오트르망 옮김, 『비판이란 무엇인가? 자기수양』(동녘, 2016)

46 존엄한 인간으로서 우리 자신과 동료시민들은 모두 민주적 시민주체다. 민주적 시민주체란 4~5년마다 우리의 손으로 선출한 정치인들에게 통치당하는 대상이 아니라, 자기통치하는 시민주체로 존재하는 삶과 공명하고 공향할 수 있는 정치인들을 선출하고, 자기통치가 가능한 한에서 정치인들의 통치를 받아들이는 주체를 의미한다. 그렇기에 자기통치는 천상유아독존 형식의 고립된 개별자를 의미하는 것이 아니라, 자기통치가 가능한 한에서 타자의 통치를 받아들이는 주체의 존재방식

을 의미하는 것이다. 우리 자신과 동료시민들은 존엄한 주권적 주체다.

47 미셸 푸코 지음, 심세광 옮김,『주체의 해석학』(동문선, 2007)

48 장 자크 루소 지음, 박호성 옮김,『사회계약론·코르시카 헌법 구상·정치경제론·생피에르 영구평화안 발췌·생피에르 영구평화안 비판』(책세상, 2015)

49 2021년 1월 26일 민법 제915조가 삭제되었다. '민법 제915조(징계권) 친권자는 그 자녀를 보호 또는 교양하기 위하여 필요한 징계를 할 수 있고 법원의 허가를 얻어 감화 또는 교정기관에 위탁할 수 있다.' 민법 제915조가 삭제되었다는 의미는 친권자인 부모조차도 자녀의 존엄을 감히 범할 수 없음을 명확히 확인한 것이다. 그 무엇으로도, 그 누구도 그 어떤 조건과 이유로도 감히 범할 수 없는 인간의 존엄을 침해해서는 안된다는 헌법적 권리를 민법을 통해서도 확인한 것이다.

50 필립 페팃 지음, 곽준혁 옮김,『신공화주의』(나남, 2012)

51 프리드리히 니체 지음, 정동호 옮김,『차라투스트라는 이렇게 말했다』(책세상, 2000)

52 미셸 푸코 지음, 심세광 외 옮김,『담론과 진실』(동녘, 2017)